LISBONNE MÉLODIES

DU MÊME AUTEUR

LE DOMAINE DU TEMPS, Actes Sud, 2010.
LE BON HIVER, Actes Sud, 2012.

"Lettres portugaises"

Titre original :
O Ano Sabático

ISBN 978-2-330-05084-9

JOÃO TORDO

Lisbonne Mélodies

roman traduit du portugais
par Dominique Nédellec

ACTES SUD

It was as though our love were a small creature caught in a trap and bleeding to death: I had to shut my eyes and wring its neck.

GRAHAM GREENE,
The End of the Affair.

PREMIÈRE PARTIE

Il décida de prendre une année sabbatique, sans rien demander à personne. Il quitterait la ville et, pendant cette période, prévoyait de renoncer à la musique, qu'il pratiquait pourtant en professionnel depuis longtemps. Je veux surtout essayer de ne pas jouer, dit-il à Édouard, qui s'était fait renverser par une voiture la semaine d'avant, d'où la minerve et les béquilles. Ils se trouvaient dans un café bruyant de Côte-des-Neiges. Édouard lui jeta un regard de travers, avant de répliquer que c'était complètement idiot, car l'existence n'était pas si longue qu'on puisse l'amputer comme ça d'une année, une éternité à l'échelle d'une vie. Il ne fit aucun cas de sa remarque ; l'affaire était entendue, il le savait. La semaine suivante, il quitta Montréal ; son avion fit escale à Philadelphie et, après des retards à répétition, après avoir craint pour la vie de sa contrebasse entre les mains des bagagistes, il atterrit au bout de douze heures de vol dans une ville qui était la sienne, mais qu'il fut incapable de reconnaître.

"Lisbonne est sous la pluie", lui lança quelqu'un, tout à trac, tandis qu'ils attendaient leurs bagages. Il tourna la tête et vit un type de petite taille, lunettes sur le bout du nez et moustaches couleur caramel.

Il répondit qu'il s'en fichait, qu'il aimait la pluie. L'homme haussa les épaules et préféra engager la conversation avec un autre passager. Il se rendit compte après coup qu'il avait parlé avec un drôle d'accent, en donnant une inflexion ridicule aux consonnes et en prononçant les voyelles d'une manière efféminée. Chargé de son énorme instrument, il franchit les portes à tambour de l'aéroport et trouva un pays détrempé, sous un ciel plombé, avec un horizon diffus où venait s'accrocher la mélancolique inconsistance des journées d'hiver. Il dut attendre un quart d'heure avant de trouver un taxi dont le coffre fût assez grand pour l'instrument. Écrasé de fatigue, courbaturé, il donna l'adresse au chauffeur et, pour sa première traversée de la ville depuis bien longtemps, somnola, la tête appuyée contre le revêtement miteux de la banquette en cuir ; il rêva d'un homme qu'il n'avait encore jamais rencontré et qui, sans qu'il puisse le savoir à cet instant, était en tout point son semblable et son contraire.

Il serra tendrement Julia dans ses bras. Sa sœur l'aida à transporter les valises à l'intérieur, puis, observant la boîte sombre d'une vingtaine de kilos qui la dépassait d'une bonne tête, appuyée contre l'ascenseur tel un monolithe attendant l'érosion, elle lui demanda :

"Où crois-tu que je vais pouvoir caser un truc pareil ?"

Ils se décidèrent pour la chambre de son neveu. À cette heure-là, Mateus dormait. C'était une nuit de février. En entrant, Julia, le doigt sur la bouche, lui signifia de ne pas faire de bruit ; il posa l'instrument dans le coin le plus éloigné du lit de l'enfant. Sur une chaise, un clown, épaules affaissées et tête baissée, lui rappela Édouard, sans qu'il sache pourquoi ; l'esprit un tant soit peu embrumé, il imagina le clown empoignant une trompette pour jouer une marche militaire, effrayant au passage le Spider-Man suspendu au dossier de la chaise. Il faillit s'esclaffer, mais n'en fit rien : chaque fois que lui venait l'envie de rire, la tristesse prenait le dessus, immanquablement.

Sa sœur lui demanda s'il voulait manger quelque chose. S'il n'avait pas trop sommeil, ils avaient une heure devant eux pour bavarder avant que son beau-frère se lève et parte au travail. Il déclina : il avait mangé dans l'avion (c'était faux) et avait un besoin urgent de dormir (il en serait incapable). Julia leva le bras comme pour lui caresser le visage mais, finalement, se contenta de refermer la porte de la chambre de Mateus.

"Tu dormiras sur le canapé du salon, lui dit-elle. Si tu te réveilles et que tu aperçois une inconnue, c'est la bonne. Elle s'appelle Dulcineia."

Dulcineia, pensa Hugo, et il commença aussitôt à reconstruire, dans sa tête, une mélodie en *do* dièse.

Il avait occupé sa dernière semaine à Montréal à liquider ses dettes. Du moins, certaines d'entre elles. La première – parce qu'il lui restait encore cette dignité qui sert de signe de reconnaissance entre musiciens –, c'était celle contractée auprès de sa luthière. Catherine était jeune et jolie, elle habitait au deuxième étage d'un immeuble de la rue Jeanne-Mance, bordée de platanes marron l'automne et d'un vert intense l'été, où Hugo se rendait très fréquemment pour faire surveiller l'état de sa contrebasse vieille de cent trente ans. Il l'avait achetée dans une vente aux enchères dans le centre-ville. À l'époque, elle lui avait coûté toutes ses économies plus une énorme somme qu'il avait dû emprunter, et elle était la préférée de la luthière. Son atelier (encombré d'instruments les plus divers, violoncelles démembrés, violons sans cordes, caisses de résonance enfoncées, éclats de bois et étals sur lesquels étaient constamment installées, tels des patients en attente de transplantation, des contrebasses à réparer) était comme un refuge pour de nombreux musiciens. Il s'acquitta de sa dette avec un chèque et une accolade. Il jura à Catherine que jamais il ne confierait son instrument à personne d'autre, qu'il attendrait la fin de son année sabbatique et que, d'ici là, il veillerait lui-même à changer les cordes, vérifier l'alignement de la touche, passer du graphite dans les encoches du chevalet où les cordes viennent se tendre. Catherine le serra contre son corps très maigre, en lui disant qu'il était bien le premier client qu'elle étreignait ainsi. Il sentit son parfum sucré monter depuis l'entrebâillement de son chemisier. Il eut envie de l'embrasser, mais résista à la tentation.

Il remboursa à Édouard le montant d'une vieille dette avec la caution que lui rendit le propriétaire de son logement. Il parvint, moyennant une petite gymnastique impliquant la vente de quatorze recueils de partitions et d'une vieille guitare acoustique, à effacer son ardoise au Upstairs, le bar de la rue MacKay où il avait ses habitudes et où il avait joué quelques fois, accompagné d'une chanteuse scandinave avec qui il avait eu une relation sans lendemain. Le plus compliqué, c'était la situation fâcheuse dans laquelle il se trouvait vis-à-vis de Boulay, qui l'appelait plusieurs fois par jour et n'arrêtait pas de laisser des messages sur son répondeur. Ses messages, c'était du silence, ou un quasi-silence, entrecoupé par ce ronronnement caractéristique des gros fumeurs, une sorte de ronflement estompé, presque inaudible, qui pour Hugo évoquait toujours l'idée d'un adieu à la vie imminent. Boulay avait vécu à Moscou, où il avait travaillé comme tatoueur. Hugo voyait en lui une créature marquant de manière fatidique et indélébile l'existence de tous ceux qui étaient contraints d'entrer en contact avec lui. Comme un virus, ou l'élément déclencheur d'une maladie grave. Cependant, c'est pour une raison particulière que Hugo avait dû entrer en contact avec Boulay. À Montréal, le tatoueur prêtait de l'argent contre intérêts ; or, Hugo avait eu besoin de liquidités pour acheter sa contrebasse et satisfaire son début d'alcoolisme. L'alcool, à un moment de sa vie, était devenu une sorte de carburant qui lui donnait l'impression, si ce n'est d'être en vie, du moins d'être un zombie systématiquement applaudi de se trouver encore parmi les vivants. L'impression de continuer à respirer, d'être capable de sentir, d'avoir l'adresse nécessaire pour lever le bras gauche et presser de sa main, conque délicate et rude à la fois, les cordes qui faisaient résonner cette grosse caisse marron, dont les sons servaient de points d'appui aux autres musiciens. Il avait trouvé dans la boisson une source quasi permanente d'inspiration, tandis que dans son corps, comme soumis à la privation en pleine traversée du désert, chaque cellule pourrissait, chaque organe se déracinait, chaque goutte de sang – matière aigre et toxique – était souillée, contaminée. Huit années s'étaient écoulées de la sorte. Boulay s'était enrichi ; Hugo était devenu le plus pauvre des musiciens, contraint d'abandonner le centre-ville pour emménager au troisième étage d'un immeuble du quartier Saint-Henri, avec vue sur une ligne de chemin de fer, et un petit balcon où il fumait ses roulées, envahi par des pigeons déféquant à ses pieds, indifférents à sa présence, ignorant son humanité, raillant sa condition. Quand, à Lisbonne, il se souvint de ces heures passées sur le balcon – sans avoir la force de se relever et d'affronter la réalité, cerné par les créatures les plus stupides de l'univers, marchant pieds nus dans leurs fientes –, il s'enroula dans la couverture que sa sœur lui avait donnée, le menton blotti contre la poitrine, accablé de honte. Une honte telle qu'elle se transforma en absence – absence de conscience, absence de soi, pure absence : il disparut sous la couverture, comme s'il s'agissait non pas d'un bout d'étoffe, mais de l'accessoire d'un prestidigitateur.

À plusieurs reprises, il avait pensé pouvoir rompre avec cette vie. Il s'en était vraiment cru capable. Chaque fois qu'il regardait cette contrebasse qui avait l'âge de son arrière-grand-père, couchée sur le sol de son appartement de Saint-Henri telle une femelle au repos sur ses larges hanches – il l'avait surnommée Nutella, à cause de sa couleur chocolat noisette et de sa douce patine miellée –, elle déclenchait en lui un sursaut moral. Il avait le devoir, non pas vis-à-vis de lui-même, mais vis-à-vis de la musique, de veiller à ce que cet instrument reste en vie, prêt à jouer, à résonner et à faire honneur à son créateur qui, en l'obscure année 1882, l'avait fabriqué dans un atelier de Bohême. Qu'il se montre négligent et c'était la mort assurée pour sa contrebasse. Un accident est vite arrivé, l'avait prévenu Catherine plus d'une fois. Tu veux la rhabiller rapido après un concert et bam, les chevilles vont taper par terre. Pressé de remonter d'une cave, tu la portes dans les escaliers et voilà qu'elle te glisse entre les mains. Tu l'installes dans un taxi et, comme tu es beurré, tu oublies de refermer le coffre : il ne te reste plus qu'à aller la récupérer sur l'asphalte, une seconde avant qu'elle se fasse écraser par une voiture. Autant de mésaventures qu'il avait effectivement vécues.

Mais, il avait beau essayer – et son instrument et sa musique avaient beau en pâtir –, pas moyen de se débarrasser ni de l'alcool, ni de son créancier, ni de l'angoisse du lendemain. Il était accro, il l'avait admis devant Édouard ; accro, principalement, à l'angoisse – ce qui était ridicule et peut-être paradoxal, mais humain aussi. Avec son ami, qui ne buvait pas, ne fumait pas et était probablement le seul musicien de la ville à mener une vie paisible à Rosemont avec une femme charmante et leurs deux bambins, il évoqua ces doutes qui l'avaient toujours assailli ; sa mère le lui confirmerait par la suite. Après le lycée, il s'était senti terrorisé face aux infinies possibilités qui s'offraient à lui dans la vie. Il était tétanisé par l'obligation qui lui était faite de préparer l'avenir, d'entreprendre des études, de se choisir un rôle pour toujours au lieu de n'en jouer aucun pour l'instant. Il avait donc préféré partir sillonner l'Europe, pendant plusieurs mois, à bord de la voiture toute déglinguée de sa petite amie de l'époque. À son retour, il prit conscience que tous ses amis avaient intégré l'université. Il prit également conscience qu'il lui manquait quelque chose et que jamais aucune carrière ne saurait combler un tel manque, qu'il en souffrirait toujours. Il prit conscience qu'il était incomplet, insuffisant pour lui-même et que, s'il ne se mettait pas en quête de cette chose qui lui manquait, c'est parce qu'il redoutait de faire la pire des découvertes.

Lorsqu'il quitta Montréal, en cette journée de février, Hugo était convaincu d'avoir une nouvelle fois menti. Il ne quittait pas la ville à cause de ses mauvaises habitudes, il n'abandonnait pas la vie de ces treize dernières années parce qu'il était fauché comme les blés. Il l'abandonnait parce qu'il avait échoué. Il avait eu des ambitions à une époque ; il avait voulu être plus qu'un vagabond errant de ville en ville, enchaînant les petits boulots, avec une habileté remarquable et une implication minimale, survivant sans la moindre perspective. Il avait la trentaine quand il avait débarqué à Montréal, sur les conseils d'un ami irlandais, rencontré lors d'un séjour à Dublin – il se rappelait souvent le Stag's Head, un pub où il avait travaillé comme serveur –, qui l'avait entraîné au Festival de Jazz, un genre musical dont Hugo pensait qu'il ne l'attirait guère, mais auquel, à vrai dire, il n'avait jamais offert la moindre chance. Au milieu de cent mille personnes, il avait vu le concert d'un célèbre guitariste américain avenue McGill et décidé qu'il voulait devenir musicien ; lorsqu'il avait assisté, tous les soirs du festival, aux concerts de Charlie Haden, accompagné de musiciens différents à chaque session, il était tombé amoureux du son, du timbre, des courbes et du volume de sa contrebasse. Son ami irlandais avait quitté Montréal et lui était resté. Au bout de presque trente années pendant lesquelles il s'était senti irrémédiablement seul et perdu, Hugo pensait avoir enfin trouvé un havre de paix, la panacée contre son angoisse chronique. La musique n'était pas une nouveauté absolue dans sa vie : adolescent, il avait bien appris à jouer de la guitare, mais plutôt dans l'optique puérile d'essayer de plaire aux filles du lycée. Inspiré par la ville et le festival, il avait résolu de rester. Il avait habité dans un premier appartement, à Concordia, en colocation avec trois étudiants. L'un d'eux fréquentait le cours de composition de l'université McGill et lui avait donné de précieux conseils : où étudier, où chercher un instrument, comment vivre de la musique. L'époque était peut-être différente, pensait désormais Hugo ; peut-être qu'alors le monde était plus simple, ou qu'avoir à assurer sa subsistance était secondaire comparé à cette passion pour la vie qu'il venait de se découvrir.

Il lui avait fallu moins d'un an pour commencer à jouer dans des bars de la ville, avec des musiciens jeunes et moins jeunes, dans les formations les plus diverses. On ne trouvait pas un contrebassiste aussi facilement qu'un guitariste ou un chanteur. Douze ans plus tard, la courbe ascendante de sa carrière avait depuis longtemps atteint son point d'inflexion, pour d'abord amorcer une chute, puis, à un moment donné, plonger à pic, avec le dramatisme d'une fugue de Bach en *sol* mineur.

"Qu'est-ce que t'es en train de faire ?"

La phrase fut immédiatement suivie d'une autre :

"T'es qui ?"

Il se retourna et vit Mateus. Pour un peu, il en aurait lâché Nutella, contre laquelle il était blotti tel un grand enfant tout juste éveillé d'un cauchemar, le pyjama trempé sous le coup de la peur. Il avait somnolé, entendu des voix, puis il avait fait un rêve cruel et s'était finalement réveillé en sursaut. À peine levé, il était allé chercher sa contrebasse dans la chambre du petit. L'appartement était vide et silencieux. Il avait ouvert l'étui et examiné Nutella avec la peine d'un père attentionné, parcourant du regard les jointures fissurées et enfoncées, le vernis craquelé, les ouïes endommagées. L'avion est sans pitié avec les instruments, surtout ceux de cette taille-là. Au moment de la soulever, il l'avait trouvée bien légère. C'est une chose qui l'avait toujours stupéfait au long de toutes ces années : la légèreté comme contrepoint au gabarit, une balance fortement déséquilibrée, une équation quasi impossible. Il s'était mis en position derrière la caisse, avait levé le bras gauche en décrivant une courbe presque parfaite, et fait entendre les premières notes. L'instrument sonnait horriblement faux. Il avait dû passer un long moment à l'accorder et à monter et descendre les gammes car, soudain, le jour avait décliné à travers les fenêtres du séjour, et il entendit derrière lui une voix d'enfant l'interroger :

"Qu'est-ce que t'es en train de faire ?"

Il se retourna et s'efforça de sourire, mais le résultat ne fut sans doute pas très engageant, car Mateus eut un imperceptible mouvement de recul.

"Rien de spécial. Je m'occupe juste de mon ami."

À la seconde question il répondit qu'il était son oncle, celui qui vivait à l'étranger. Mateus, cartable sur le dos, finit par baisser la garde et s'approcha. Il avança, pas à pas, en direction de la contrebasse et, de sa petite main potelée – trop potelée pour un enfant de cinq ans –, effleura la caisse cicatrisée de l'instrument.

"Et comment il s'appelle ton ami ?

— Nutella."

Mateus sourit, d'un large et grand sourire, un sourire de lait. Il lui manquait une dent de devant.

"C'est bon les tartines au Nutella."

Hugo leva le bras gauche et joua *The Sailor's Hornpipe*. Mateus se mit à rire.

"C'est pas trop de ton époque, ça, dit l'oncle.

— C'est la musique de Popeye, répondit Mateus qui posa son cartable et s'installa sur le canapé. Joue un autre morceau", demanda-t-il.

Hugo inspira profondément et regarda par la fenêtre. La pluie s'était arrêtée, mais un nuage gris, en forme de cerveau, planait maintenant au-dessus du pont, recouvrant la ville d'une ombre oppressante.

Il plaqua son petit doigt sur le *do* dièse et commença à jouer la composition sur laquelle il était en train de travailler. Lors de la première tentative, il rata quelques notes. Il essaya de reprendre. Mateus le regardait comme un extraterrestre agrippé à un vaisseau spatial d'un autre âge. La dernière fois que Hugo l'avait vu, son neveu avait deux ans. À l'époque, il travaillait déjà sur ce thème, une mélodie persistante, qui lui revenait à l'esprit à tout moment, en toutes circonstances. Sa vie déréglée, chaotique, l'avait empêché d'en venir à bout, c'est pourquoi sa composition restait en grande part évolutive, se transformait au gré des heures, des jours, des lieux, de son état d'esprit. Désormais, avait-il décidé, elle s'appellerait *Dulcineia*. Il monta la gamme de *do* dièse, agita sa main gauche, puis recommença. Le silence dans le séjour céda la place à des notes fermes, précises, sonores. Mateus, qui avait la braguette ouverte, était bouche bée. Hugo joua quelques minutes, puis s'interrompit de nouveau : la mélodie semblait s'arrêter là, pour une raison mystérieuse ;

elle semblait se dissiper comme s'il y avait eu un point de fuite musical, une note inaccessible ne se trouvant nulle part sur la longue touche de son instrument. Il se rendit compte qu'il avait fermé les yeux. Quand il les rouvrit, une femme se trouvait devant lui.

Hugo lâcha le manche de la contrebasse et tint l'instrument plaqué contre sa hanche. Elle était pâle, brune – ou pas tout à fait brune, car ses cheveux prenaient à leur extrémité une couleur noisette, très proche de celle de la caisse de résonance qu'il tenait contre lui –, et très jeune. Elle avait un torchon de cuisine dans la main droite, qu'elle tortillait avec les doigts de sa main gauche. Elle lui donna du "monsieur ", avec un léger accent provincial qu'estompait l'autorité de la capitale.

"Vous voulez manger quelque chose, monsieur ? demanda la jeune femme.

— Je n'ai pas faim", répondit Hugo. Avant d'oser un : "Merci, Dulcineia."

Elle sourit lorsqu'il prononça son prénom.

"C'était beau ce que vous jouiez", enchaîna Dulcineia, en s'approchant de Mateus pour lui remonter le pantalon et boutonner sa braguette. Mateus souriait. Hugo sentit, sans savoir pourquoi, qu'il était fondamental de détourner le regard. Il vit le nuage gris s'approcher, poussé par les vents du sud vers le cœur de la ville, le cerveau de Dieu bringuebalé au gré des violentes bourrasques de l'hiver.

"Ça fait déjà un moment que je travaille à la composition de ce thème, mais je ne sais pas comment le terminer", confia-t-il.

Dulcineia se releva et donna la main à l'enfant.

"Comment s'appelle-t-il ?"

Hugo esquissa un bref sourire.

“Il n’a pas encore de nom.

— Quand il sera fini, vous me le direz ? J’aimerais bien l’entendre encore une fois. C’était joli.”

Dulcineia disparut avec Mateus. C’était l’heure du goûter et du bain. Hugo rangea délicatement la contrebasse dans son étui et, tandis qu’il la transportait à travers le couloir jusqu’à la chambre de Mateus, il aperçut Dulcineia penchée au-dessus de la baignoire du bambin, la courbe de ses hanches nettement dessinée sous son chemisier. Il ressentit une soudaine et fugace excitation ; peut-être le signe, pensa-t-il, que son organisme commençait à redevenir lui-même.

Catherine le regarda comme quelqu’un qui assisterait à une tragédie à travers une vitre blindée. Il vit à son regard empli de compassion, à la légère tension de ses longs doigts (dont deux enveloppés de pansements, car elle s’était coupée contre le bois), à sa façon de croiser les bras quand elle l’écoutait, patiemment, en lui offrant la même tendresse qu’à son instrument, qu’une page allait se tourner.

“Tout ça me rend vraiment triste”, dit Catherine quand il eut fini. Le chèque était sur la table. C’était le dernier de trois ou quatre années de paiements, depuis qu’il avait acheté Nutella. “En même temps, je suis touchée par ta fidélité. Mais, si jamais tu ne reviens pas, tu as mon autorisation pour aller consulter un autre médecin. Tu vois ce que je veux dire.”

Hugo venait de lui promettre qu’il ne confierait jamais sa contrebasse à un autre luthier. Puis il s’était aussitôt rendu compte que ça n’avait pas de sens : et s’il ne revenait jamais à Montréal ? Catherine le serra contre elle, timidement. Il sentit son parfum, voulut l'embrasser, se retint. Il lui demanda s'il pouvait laisser l'instrument dans son atelier encore quarante-huit heures ; Catherine se contenta de sourire. Hugo sortit le cœur brisé. Tandis qu'il marchait dans la rue Jeanne-Mance, son désespoir céda la place à d'autres sentiments. D'abord, à une légère panique ; ensuite, au désir pressant de calmer sa soif, qui se manifestait par une sorte de brûlure à l'entrée de l'estomac. Il s'engagea dans la Petite Italie et, au niveau de l'église, prit sur la droite en direction d'un petit parc. Il faisait moins dix et le parc était désert. Il s'assit sur un banc couvert de neige, glissa la main dans la poche intérieure de son gros manteau et en sortit une flasque en métal. Sa main tremblait ; son cœur battait fort. Il avala deux grandes lampées. Il ferma les yeux et vit, sur l'écran noir de ses paupières, une image étrange : un homme, de dos, penché en avant, avançant sur un sentier enneigé, affrontant la tempête. Il rouvrit les yeux et l'image survécut quelques secondes, comme un fantôme aux contours diffus se superposant à la réalité. Il se remit en chemin, tout en se demandant qui pouvait être cet homme et pourquoi il lui tournait le dos de la sorte.

Il prit sur sa droite la rue Jean-Talon. Après quelques minutes, il aperçut la bouche de métro et tourna à gauche dans la rue Saint-Denis. L'alcool avait fait son effet : il le sentait se dissoudre en lui et apaiser son estomac en colère. Il sonna à l'interphone du deuxième étage et attendit. Il vérifia pour la énième fois les poches de son pantalon : à droite, il avait l'argent d'Édouard, et à gauche, celui de Boulay. La gâche se débloqua et la porte s'ouvrit.

Il trouva le tatoueur en peignoir, bedaine en avant. Boulay alluma un cigarillo et alla jusqu'à la fenêtre.

Le rituel n'avait pas été respecté et cela le rendait nerveux : au long de toutes ces années, ils en avaient peaufiné le moindre détail, le moindre mouvement : il sonnait, Boulay ouvrait, il montait, Boulay le faisait entrer, il s'asseyait sur le tabouret à gauche du comptoir de la cuisine, Boulay ouvrait un tiroir, en sortait un registre, Hugo lui disait combien il voulait, Boulay disparaissait au fond de l'appartement, revenait avec les dollars, l'affaire était conclue et ils se quittaient. Tandis que, cette fois, silence. Les messages que l'usurier avait laissés sur son répondeur n'avaient été qu'un préambule, une mise en bouche ; le moment était venu d'approfondir la discussion.

"T'as l'argent ? commença Boulay, en tirant sur son cigarillo.

— Une partie", répondit Hugo. Il sortit les billets de la poche gauche de son pantalon et les posa sur la table. "Mille trois cents."

Boulay retroussa une des manches de son peignoir. Sur son gros biceps bandé, il s'était fait tatouer un pigeon.

"Il manque deux mille sept cents, grogna-t-il.

— Dans le courant de la semaine, dit Hugo.

— C'était la semaine dernière, la fin du délai.

— Je peux pas faire mieux."

D'une chiquenaude, Boulay expédia son cigarillo dans la ruelle de derrière. Quand il ferma la fenêtre, le vent agita ses mèches de cheveux qui pendouillaient en touffes autour de son crâne chauve.

"Je te donne quarante-huit heures.

— Impossible", répondit Hugo.

Boulay fit le tour du comptoir pour se poster de l'autre côté, face à lui, dans la pose tragique d'un voyant interprétant de funestes présages.

“T’as des choses à vendre?

— Rien.

— Et ce truc que tu t’es acheté avec mon fric?

— Ça vaut bien plus que ce qui me reste à te rembourser.

— T’as laissé passer ta chance, c’est fini maintenant.”

Il sortit, nerveux et suant. Il remonta la rue Saint-Denis au hasard, jusqu’à la rue Jarry, et c’est alors qu’il s’aperçut qu’il ne sentait plus ses doigts de pied, il était sorti sans écharpe ni bonnet, et des gouttelettes de glace s’étaient formées sur son front. Il resta chez Édouard le temps du week-end. Il dormit beaucoup, trop, dans la petite chambre au fond du couloir, à côté de celles des enfants, Luc et Martin. Il passa son temps à engloutir de la bière, sous le regard réprobateur de la femme d’Édouard. Le plan, pour autant qu’on puisse parler de plan, avait fonctionné : le lundi, son portable sonna. C’était le propriétaire de son appartement de Saint-Henri, un juif hassidique sans scrupule, avec un fort accent hébraïque, qui l’informait que son logement avait été cambriolé pendant la nuit. Hugo sourit : il pensa à Nutella, bien à l’abri dans l’atelier de Catherine.

“Ça ne vous intéresse pas de savoir ce qu’ils ont emporté?” demanda le propriétaire, à l’autre bout du fil. Édouard le regardait en rajustant sa minerve. Le petit Martin, le benjamin, tapait dans une balle et essayait de l’expédier dans l’aquarium des poissons.

“Arrête ! tonna Édouard, en pointant sa béquille vers le garçon.

— Qu’est-ce qui se passe? demanda le propriétaire.

— C’est rien, répondit Hugo.

— Ils vous ont tout pris, sauf les vêtements. Moi, ils m'ont volé le micro-ondes et le frigo. Et ils ont mis tous les meubles en miettes.

— Vous êtes assuré ?

— Pour ce qui était à moi, oui. Pour vous, ça me regarde pas.

— Alors tout va bien", conclut Hugo, à la fois soulagé et abattu.

Franco prit des photos pendant tout le dîner. Il avait un Lomo et, à l'en croire, il ne faisait pas de la photo, il faisait de la lomographie, pratique artistique dont Hugo n'avait jamais entendu parler. Ce mitraillage le rendait nerveux. Pour autant, malgré son insomnie et la fatigue du voyage, il laissa Franco lui tirer le portrait un nombre incalculable de fois – en train de se servir de poulet et de salade, en train de boire l'eau minérale que Julia lui avait apportée (inquiète de voir les quantités de vin que servait Franco), en train de parler avec Mateus qui, assis à côté de lui, le bombardait de questions.

"Quel âge tu as ?

— Quarante-trois ans.

— T'es vieux ?

— Presque.

— T'as une amoureuse ?

— Non.

— Pourquoi ?

— Parce que les femmes sont trop casse-pieds."

Mateus éclata de rire tandis que Julia lui jetait un regard de travers. Il se sentit, pour une fois, comme réconforté par cette moue de sa sœur jumelle, qu'il lui connaissait depuis l'enfance et qu'elle avait conservée à l'adolescence, puis à l'âge adulte. Une expression réprobatrice, mais avec un brin de comédie. Fut un temps où ce regard le mettait mal à l'aise ; à présent, il lui donnait le sentiment d'être à la maison.

"Une année sabbatique ? s'étonna Franco, tout en photographiant l'assiette que Julia venait de poser devant lui. Mais c'est pas un truc réservé aux profs universitaires, ça ?

— Dieu aussi s'est reposé le septième jour", rétorqua Hugo, le clic-clac de l'appareil photo commençant à lui taper sur les nerfs. Il échangea un regard avec sa sœur ; impassible, Julia ne donna pas plus d'explication, malgré l'insistance de son mari.

"Le septième jour, c'est dimanche, corrigea Franco. Ça ne paraît pas très approprié de parler de sabbat.

— Le dimanche est le premier jour de la semaine, dit Julia.

— Mon garçon, demanda Franco en regardant son fils à travers le viseur, quel est le dernier jour de la semaine ?

— Dimanche, répondit Mateus, avant d'enfourner une fourchetée, en laissant tomber quelques grains de riz au passage.

— Qu'est-ce que je vous disais ? lança Franco. On leur apprend encore deux ou trois choses à l'école.

— Non, c'est faux", rectifia Julia ; puis à l'intention de Mateus : "Le dimanche est le premier jour de la semaine." Elle se tourna vers Franco. "Le sabbat, littéralement, c'est le repos. Une pratique traditionnelle chez les agriculteurs, par exemple, qui laissaient reposer la terre la septième année, après six années de récolte.

— Bonjour la baisse de productivité", dit Franco, qui avait enfin posé son appareil photo et mangeait sa salade à grand bruit, mastiquant la laitue avec toute la force de ses molaires.

“Ça peut aussi signifier autre chose, reprit Hugo, fier d’être ainsi défendu par sa sœur. Une année sabbatique, c’est une année au cours de laquelle on peut se consacrer à ses centres d’intérêt. Voyager, se reposer, passer du temps avec sa famille.

— Et le boulot, zéro ? interrogea Franco.

— Et le boulot, zéro ? l’imita Mateus en regardant son oncle.

— Tu peux travailler, éventuellement. Mais voyager, se reposer ou ne rien faire, c’est aussi du boulot, parfois.”

Franco éclata de rire et pencha sa tête en avant. Son crâne chauve se mit à luire sous la lumière diaphane de la suspension.

“Elle est bonne, celle-là. Voilà ce que je vais dire à mon chef, demain. Bon, aujourd’hui je reste à la maison, pour me reposer. Peut-être qu’un paysan en congé sabbatique se chargera de boucler mon reportage.

— Tonton travaille avec Nutella.”

Julia et Franco regardèrent Mateus sans comprendre.

“Il travaille avec quoi ?

— Nutella. C’est sa barque basse, il jouait avec tout à l’heure.”

Julia se mit à rire, dévoilant le léger écart qui séparait ses deux dents de devant, contre lequel elle avait lutté pendant toute son adolescence, mais qu’elle avait fini par accepter.

“*Contrebasse*, Mateus.

— Barque basse, répéta le petit.

— Tu as joué aujourd’hui ? demanda Franco.

— J'accordais l'instrument.

— Je croyais que tu prenais une année sabbatique.

— Je suis en train de composer une pièce", admit Hugo, un peu gêné. C'était une confidence qu'il aurait préféré ne pas avoir à faire, mais la sortie de son beau-frère ne lui avait pas laissé le choix. "Je ne sais pas encore exactement ce que ça va donner. Mais j'espère la terminer pendant mon séjour ici.

— Ici chez nous ?

— Ici à Lisbonne.

— Ah, lâcha Franco, visiblement soulagé.

— Comment ça s'appelle ? voulut savoir Julia.

— Quoi ?

— La pièce que tu composes."

Hugo sourit, toujours sur la réserve. Il eut envie de dire : ça s'appelle *Dulcineia* ; je compose ce morceau en l'honneur de votre bonne, cette fille aux cheveux couleur noisette qui flotte dans la maison l'après-midi tel un ange en ascension, encore prisonnier de ce monde, mais désireux de s'enfuir. Mais il répondit finalement :

"Ça s'appelle *Mateus va à l'école.*"

Julia fronça les sourcils.

"Quoi ?

— *Je vais à l'école !*" répéta Mateus.

Ils débarrassèrent, mirent la vaisselle dans la machine et prirent le café près de la fenêtre de la cuisine, à travers laquelle on apercevait les collines de Lisbonne illuminées, une pluie fine imitant des moustiques dans le halo des réverbères. Franco alla se coucher : il avait bu une demi-bouteille de vin au dîner et, le lendemain, il devait se lever aux aurores pour se rendre dans un village et faire un reportage photo – Hugo ne retint ni le nom du village ni la nature de l'événement qui s'y déroulerait. Alors qu'il fumait une cigarette avec sa sœur, il sentit ressurgir sa vieille angoisse. Elle lui grimpa à l'estomac et se reposa un instant dans ses tripes. Il tira plus fortement sur sa cigarette et se rappela les paroles d'Édouard qui, même sans rien connaître sur le sujet, suivait à l'occasion des séances de thérapie. Laisse venir l'angoisse, lui avait recommandé son ami. Laisse-la venir, ne résiste pas et, ensuite, bats-toi contre elle.

"Il faut que je te présente quelqu'un, annonça Julia.

— Je t'en prie, non, répondit Hugo.

— Elle s'appelle Elsa.

— Pourquoi ?

— Parce que ses parents en ont décidé ainsi.

— Pourquoi il faut que tu me la présentes ?

— Elle est étrangère et parle étranger. Comme toi, quoi." Julia éclata de rire et écrasa son mégot. "Du reste, je ne la connais pas vraiment. Je ne l'ai vue qu'une fois. C'est une amie de cet ami de Franco qui est écrivain. En fait, je n'ai même pas son téléphone. Mais je vous mettrai en contact par e-mail.

— Comme tu veux.

— Quand est-ce que tu vas enlever ça de la chambre du petit ?"

Hugo s'adossa à la balustrade. Le vent froid montant du Tage lui caressa la nuque.

"Tu es en train de me demander quand je vais partir de chez toi ?

— Ce n'est pas ce que j'ai dit."

Il esquiva la question. Il inspira profondément et se rappela une fois encore les paroles d'Édouard.

"Comment va maman ?" s'enquit Hugo.

Julia haussa les épaules. "Comme d'habitude. Elle sait que tu es là ?

— Elle le saura par toi, j'imagine, dit Hugo.

— Alors ?

— Quoi ?

— Quand est-ce que tu vas enlever ça de la chambre du petit ?

— *Ça*, ça porte un nom.

— Ta barque basse."

Hugo sourit. Il embrassa Julia et, l'estomac mal en point, nauséeux, il gagna le salon, où, incapable de fermer l'œil, il eut le temps de voir la nuit s'enfuir et le jour apparaître.

Une fois, pendant une passe particulièrement difficile, Hugo chercha dans un dictionnaire la définition du mot "échec". Il lut des mots qu'il n'utilisait jamais : insuccès, déchéance, déclassement. Dans l'après-midi, couché sur le lit de son appartement de Saint-Henri, il s'aperçut qu'il serait incapable de jouer ce soir-là. C'était au début du mois de juillet, il s'en souvenait, le Festival de Jazz avait commencé et la ville s'était remplie de touristes qui déambulaient dans les rues du centre avec les programmes et les tee-shirts de la manifestation, buvaient des bières dans les bars de Sainte-Catherine, allant d'une scène à l'autre sur la place des Arts. La contrebasse gisait à terre, souffrant des suites de sa rencontre intempestive avec un ampli dans le Bistro à Jojo. Hugo avait joué avec Édouard et un saxophoniste français et, en plein milieu d'un thème, il s'était évanoui. Quel thème? se demandait-il à présent. Il hésita entre *Goodbye Pork Pie Hat* et *Straight, No Chaser*. Puis il se décida pour le premier parce que c'était un morceau de Mingus, un contrebassiste comme lui ; à ceci près que, s'agissant de Mingus, insuccès, déchéance et déclassement n'étaient sans doute pas les substantifs qui venaient spontanément à l'esprit. En fouillant dans le tiroir de sa table de chevet, il trouva un vieux paquet de préservatifs, un diapason rouillé, un agenda ayant trop servi et un sac plastique presque vide. Il prit deux antalgiques et but une bière au pied de son lit. Il s'examina le corps et découvrit, au niveau de la hanche droite, une tache noire de la taille d'un poing. Vingt minutes plus tard, les médicaments ayant calmé ses douleurs, il réussit à se lever et, en boitant, gagna la salle de bains. Dans le miroir suspendu à un clou entre deux carreaux de faïence, il vit que le côté droit de son visage était enflé, avec une entaille de haut en bas qui le brûlait à cause des points sous la peau flétrie. Il ouvrit la bouche et glissa un doigt le long de la joue. Il lui manquait une prémolaire. Il ferma les yeux, inspira profondément et sentit que l'angoisse ne tarderait pas à refluer, que bientôt la peur l'abandonnerait, comme un locataire permanent s'absente le temps d'un bref voyage.

L'image était nette à présent : il avait ouvert les yeux et vu les lumières d'un hôpital ; il était revenu à lui sur un brancard le conduisant à la salle de réveil. Édouard lui avait raconté la scène par la suite. Il était arrivé très en retard pour les répétitions au Bistro à Jojo. Complètement ivre, il avait sorti à grand-peine la malheureuse contrebasse de son étui sous le regard stupéfait de l'ingénieur du son ; quand, pour le premier morceau, il voulut attaquer en *ré* dièse, son doigt dérapa sur la corde de *sol* et il ruina en beauté l'accord d'Édouard. Ayant pris conscience de son erreur, Hugo tenta de la corriger en jouant, avec fracas, une sonore ligne de basse qui écrasait le piano et le saxo. Édouard fit signe à l'ingénieur du son de lui couper le sifflet, détail que Hugo ne remarqua même pas. Une heure plus tard, dans le pub bondé, le contrebassiste jouait sans que personne l'entende. Il demandait bière sur bière à la serveuse. Pendant l'entracte, il s'envoya un whisky et remonta sur scène avec la confiance d'un imbécile ; au milieu du second set, il se mit à voir le monde à l'envers, comme si le public s'était retrouvé scotché au plafond et qu'il était le dernier à rester les pieds sur terre. Sa main gauche continuait d'appuyer sur les cordes, mais, quand il regarda sa main droite, il remarqua que ses doigts s'agitaient tout seuls sans que l'instrument émette le moindre son. Il n'en revint pas : il avait l'impression d'être à l'extérieur de lui-même, comme s'il avait lâché le volant d'une voiture devenue folle qu'il ne savait plus stopper.

Puis il perdit connaissance.

Édouard s'arrêta de jouer pour se porter à son secours. On appela une ambulance, ils l'emportèrent et le concert reprit. Dans la nuit, Édouard alla le chercher à l'hôpital et, dans la voiture familiale – avec un siège enfant à l'arrière –, le ramena chez lui. Hugo découvrit Nutella dans le coffre, paisiblement endormie dans son étui, malgré les dommages provoqués par le choc contre l'ampli. Son ami se montra d'une sincérité brutale : le patron du Bistro ne voulait plus jamais le revoir et avait demandé à Édouard d'engager un autre musicien. Ce que celui-ci avait accepté.

"J'ai deux gosses, moi, expliqua Édouard. Je peux pas me permettre de le perdre, ce boulot.

— Je comprends", répondit Hugo.

C'est le lendemain, couché sur son lit, que Hugo chercha la définition du mot échec dans le dictionnaire. Il avait deux spectacles de prévus, un le jour même et un autre le lendemain, dans le cadre du Festival de Jazz pour l'animation des différents espaces. Mais il n'était pas en mesure de jouer. La hanche amochée, le visage méconnaissable, il avait perdu toute confiance en lui. Il téléphona pour prévenir qu'il ne viendrait pas. Saldaña Paris, le poète et chanteur mexicain avec qui il devait se produire ce jour-là, lui raccrocha au nez avant que Hugo ait fini de lui expliquer la situation. Pour le spectacle du lendemain, il avait été recruté à travers une agence qui, évidemment, n'était pas près de le recontacter. Effondré, Hugo enfouit sa tête sous la couverture et laissa les comprimés prendre soin de son âme. Le malheur s'était abattu sur lui. Il s'endormit presque aussitôt et rêva d'un homme s'éloignant dans une tempête de neige, un inconnu qui, il le sentait, lui avait volé quelque chose, une chose dont il pensait qu'elle était à lui mais qui ne l'avait peut-être jamais été, un visage, une identité. Il se réveilla en sursaut, le souffle court, trempé de sueur, avec le désir qu'un ange, encore en ascension, l'emporte dans un autre monde.

Tous les jours, Mateus rentrait chez lui vers quatre heures. Depuis la fenêtre du salon, Hugo regardait le bambin sautiller et s'agiter, essayant de libérer sa main de celle de Dulcineia, de fuir le tendre confort qu'elle lui offrait – alors que, quelques mois auparavant, elle n'était pour lui qu'une inconnue. Par son sourire, ses paroles, celle-ci le protégeait du mal. Cet après-midi-là, froid mais radieux, Hugo remarqua comme la chevelure de Dulcineia prenait une couleur de miel sous la lumière du soleil hivernal ; comme ses lèvres, fines et délicatement découpées sur l'ovale de son visage, bougeaient peu quand elle parlait avec son portugais modelé par les lieux et les années. Il remarqua également comme ses seins semblaient lutter contre le pull serré qui la protégeait du vent.

Il se précipita dans la chambre de Mateus et rapporta la contrebasse dans le salon. Il ouvrit l'étui : Nutella dormait, sans faire de bruit ; même si elle sonnait juste, elle continuait de récupérer des violences infligées par le temps. Il la redressa, se mit en position, s'échauffa rapidement les doigts de la main gauche, vérifia chaque corde et replongea dans la composition qui lui trottait dans la tête. Il s'était promis de ne pas jouer, il l'avait dit à Édouard, dans le café de Côte-des-Neiges, pendant que les sbires de Boulay pénétraient chez lui pour lui faucher ses affaires et saccager le mobilier. Il s'était promis de ne pas jouer, de ne pas côtoyer de musiciens, de ne pas rechercher le plaisir fugace d'un bon bœuf dans un club de jazz. C'était ce goût de l'éphémère, cet hédonisme inconséquent qui l'avait mené à l'abîme. Il savait que, au moment où il rechercherait les applaudissements – comme un enfant espère à tout prix obtenir l'assentiment de l'adulte –, il chercherait aussi le vain prolongement de ce plaisir ; et qu'à la fin des applaudissements, il chercherait l'alcool, et finirait de la sorte par détruire ce qu'il venait de créer pendant une heure ou une heure et demie.

En répétant chez sa sœur, cependant, il n'avait pas l'impression de contrevenir aux règles qu'il s'était fixées. Il était seul, il n'y avait personne pour l'écouter – excepté, évidemment, les habitants de cette petite enclave –, personne pour le féliciter, lui offrir un verre, une cigarette, une nuit de plaisir. Ici, pensait

Hugo, il pouvait jouer autant qu'il voulait, parce qu'il ne jouait pas vraiment, il *composait* – et composer, comme on sait, est un acte solitaire, introspectif, plus proche de la contemplation que du plaisir.

Il entendit le vrombissement de l'ascenseur. Il plaqua sa main gauche sur le manche et tira de son instrument un *do* dièse quasi parfait. À partir de là, il pouvait aller n'importe où. Il pouvait jouer des demi-tons, mais aussi des quarts de tons ; l'intervalle indéfini entre les notes sur la contrebasse le lui permettait, cette surface noire de la touche que ses doigts parcouraient avec agilité. On lui avait dit une fois que la contrebasse était un instrument qui n'était jamais complètement accordé ; il était bien de cet avis, et c'était cette microscopique dissonance, cette impossibilité de jouer la note complète, ronde – comme celle qui sortait d'un piano ou d'une guitare – qui le séduisait. *Dulcineia*, la composition qui avait déjà porté d'autres noms, l'obsédait de plus en plus. Il en rêvait, fredonnait les notes dans son sommeil, savait dans quel ordre elles devaient se succéder, quand elles au contraire semblaient l'ignorer : elles se modifiaient organiquement, d'un jour à l'autre, en sorte que, si un matin il pensait qu'après le *do* dièse devait venir un *fa* dièse – avant de passer à un accord mineur –, il ne tardait pas à découvrir que les notes s'imposaient peu à peu à sa volonté, dansaient autour d'une mélodie toute simple, qu'elles distordaient, rendaient plus mordante, plus complexe ; une mélodie qu'il avait commencé par siffloter un soir à Montréal et qu'il avait ramenée avec lui à Lisbonne.

Il joua un *fa* dièse au moment où Dulcineia et Mateus franchirent la porte d'entrée. La note résonna dans tout le salon, qui avait une acoustique particulière, puissante, à cause du plafond voûté. Ils restèrent tous les trois immobiles. Puis Hugo éloigna lentement ses doigts des cordes. Mateus se débarrassa de son cartable, avança jusqu'à lui et posa sa main sur la table d'harmonie. Hugo ne le remarqua même pas : il échangeait un regard intense avec Dulcineia qui, au bout de quelques secondes, sembla rougir.

"Salut, Nutella, dit Mateus, tout sourire.

— Vous voulez goûter ? finit par proposer Dulcineia, en baissant les yeux.

— Comment ? interrogea Hugo.

— Je vais préparer le goûter pour Mateus. Vous voulez quelque chose ?"

Hugo et Mateus s'assirent sur le canapé pour manger leurs sandwichs jambon-fromage et boire du jus d'orange. La contrebasse était posée par terre. Dulcineia se tenait debout, près de la porte de la cuisine, et s'essuyait les mains avec un torchon.

"Tu sais comment s'appelle la musique de la barque basse ?" demanda Mateus à Dulcineia.

Elle se mit à rire ; Hugo vit ses petites dents, très blanches.

"Non.

— *Je vais à l'école.*

— Ah bon, c'est le nom du morceau ? s'étonna Dulcineia en se tournant vers Hugo, qui haussa les épaules et se contenta de lui sourire, sans savoir quoi dire. Et vous l'avez fini ? voulut-elle savoir, le torchon en tapon entre ses mains.

— Je ne sais pas si je le finirai un jour. Il y a des choses qui prennent la vie entière.

— Maman va m'acheter une guitare, annonça Mateus.

— Pas possible ! s'exclama Hugo.

— C'est vrai. Il veut jouer avec vous, confirma Dulcineia.

— On pourrait former un duo. L'oncle et son neveu.

— Un groupe, rétorqua Mateus. Mais on a besoin d'un batteuriste.

— Un batteur, corrigea Hugo.

— Un batteuriste", répéta Mateus.

Hugo rigola et remarqua que Dulcineia les observait avec attendrissement, les yeux plissés par son sourire.

"Délicieux, ce sandwich", lança-t-il.

Mateus tambourinait avec ses doigts sur la table d'harmonie de Nutella. Avec beaucoup de malchance, peut-être un jour deviendrait-il musicien.

Après avoir échangé quelques messages avec elle, Hugo se trouvait devant chez sa sœur, à attendre une femme qu'il ne connaissait ni d'Ève ni d'Adam. Ce n'était pas la première fois que cela lui arrivait. À New York, de longues années auparavant, il s'était présenté à un rendez-vous avec une fille dont il avait fait la connaissance au téléphone, alors qu'il appelait pour protester contre une facture d'électricité exorbitante. Il ne se rappelait pas son nom ; en revanche, il se rappelait très bien qu'elle avait la voix d'une chanteuse de gospel. Même si, à l'époque, la musique n'était encore qu'un horizon lointain dans sa vie, il sentait déjà en lui comme un appel, un muscle ou un nerf qui ne réagissait qu'à une certaine tonalité. Il avait perçu cette tonalité dans la voix de l'opératrice. Après cette conversation, qui s'était terminée par la rectification de la facture et une invitation, Hugo apprit à accepter le pouvoir de l'audition dans nos vies. Les timbres, les tonalités, les nuances ; des voix, des oiseaux, de la foule ; le pouvoir qu'avait un son de faire sourire ou pleurer, de provoquer la peur ou la joie. Le pouvoir qu'avait le son d'être musique, et pas seulement son. Si tous les sons de la nature avaient leur tonalité, la voix de cette fille au téléphone était une bénédiction, car son timbre ne ressemblait à aucun autre, sa fréquence n'était pas celle des autres êtres humains.

La fille était aveugle, il ne le découvrit que lors de leur rencontre.

Ils étaient allés dîner, la première fois. La seconde, ils étaient sortis dans un bar à Brooklyn, près de chez elle. À présent, une cigarette à la main, l'autre enfouie dans la poche de sa veste, Hugo, planté en bas d'un immeuble de la rua das Janelas Verdes, avait le sentiment d'être le dernier des imbéciles. Au point qu'en se remémorant cette histoire le rouge lui vint aux joues : la façon dont la fille l'avait amené chez elle ; la façon dont elle l'avait fait s'asseoir sur le canapé d'un salon décoré avec un goût lamentable – mais une aveugle pouvait-elle avoir du *goût*? Dans le couloir, il y avait un coucou déréglé qui affichait une heure mensongère. Il se souvint comment elle avait posé sa canne par terre. Comment, à genoux, elle avait parcouru son pantalon à tâtons jusqu'à trouver sa braguette. Il se rappela la sensation d'horreur et, en même temps, d'extrême excitation, lorsque la fille s'était montrée incapable de trouver son sexe et de l'enfoncer correctement dans le sien, les sons gutturaux – et, en même temps, magnifiques – qu'elle avait laissés jaillir de sa gorge au moment de l'orgasme, trop rapide, improvisé : la fameuse fugue de Bach en *sol* mineur.

Ils ne se revirent plus jamais. Ou plutôt : il ne la revit plus jamais. C'est en sentant le goût amer de cette triste plaisanterie qu'il s'aperçut qu'Elsa se trouvait devant lui, comme surgie de nulle part. C'était une jeune femme maigre, avec une chevelure sombre retenue en queue de cheval, une robe courte et noire, collants noirs, veste noire, boucles d'oreilles noires. On dirait une Italienne en deuil, songea Hugo, la fille d'un mafieux aux funérailles de son père. Elle s'approcha sans faire de manières. Hugo la regarda ; il la trouva jolie. Avec sa mâchoire parfaitement dessinée, ses yeux clairs, ses traits doux, et pourtant un air taciturne, comme si elle avait vu trop de choses ou, qui sait, des choses trop laides.

Ils décidèrent de se parler en anglais. Elsa était actrice et était née en Pologne. Alors qu'ils marchaient vers le métro, il lui demanda son nom.

"Gorski."

Hugo se rappela un film, avec Lee Marvin, qu'il avait vu il y a longtemps.

"Non, le parc de Moscou, c'est Gorki, corrigea-t-elle.

— Ah oui, Gorki", rectifia Hugo.

Elsa parlait peu ; il n'insista pas. Elle raconta qu'elle avait passé quelques années aux États-Unis, puis autant en Italie. Elle était venue à Lisbonne à cause d'un écrivain portugais, mais, en ce moment, ils ne se parlaient plus. Alors qu'ils avançaient toujours, Hugo se rendit compte qu'il ne savait pas où ils allaient. Il voulut interroger Elsa, mais elle s'engouffra dans la bouche de métro et il n'eut d'autre choix que de lui emboîter le pas. La fille courait presque devant lui ; son allure frénétique pouvait laisser penser qu'elle cherchait plus à le fuir qu'à le rencontrer. Il lui traversa l'esprit qu'il lui avait peut-être fait mauvaise impression. Quand ils arrivèrent sur le quai, cependant, Elsa lui dit :

"Tu as un visage particulier. Tu me rappelles quelqu'un.

— Qui ça ?

— Je sais pas encore. Peut-être qu'au bout de la nuit ça me reviendra."

Au bout de la nuit, songea Hugo. Ces mots lui revinrent plusieurs fois en tête durant le trajet. C'était peut-être l'anglais approximatif d'Elsa, mais même ; il fallait qu'elle se sente vraiment à son aise pour parler à un inconnu du "bout de la nuit", car en fin de compte, dans ces circonstances, elle indiquait par là que la nuit ne serait pas brutalement interrompue, qu'elle durerait autant que tous deux le souhaiteraient. Ce n'était pas comme d'annoncer que la soirée se finirait à telle heure ; ça voulait dire, en gros, qu'elle se finirait quand elle se finirait, et voilà. Ça lui plut. Ils discutèrent de choses et d'autres, il ne se rappelait plus quoi. Quand ils sortirent du métro, ils se trouvaient dans la Baixa. Ils traversèrent la grande avenue bordée d'arbres dénudés, puis s'engagèrent dans une rue parallèle, mal éclairée. Elsa marchait maintenant à ses côtés, les bras croisés, pour se protéger du vent qui plaquait sa jupe contre ses jambes filiformes.

"Pourquoi es-tu revenu ?" demanda-t-elle en détachant ses cheveux.

Hugo observa la perfection de son visage. Un arôme léger, aigre-doux, se répandit dans l'air.

"C'était le moment.

— De quoi faire ?

— De rentrer à la maison. Revoir la famille. Tu connais Franco, non ?"

Elle fit oui en hochant la tête.

“J’ai d’abord rencontré ta sœur. Elle est adorable.

— Et Franco ?

— Pour tout te dire, je le trouve complètement con.”

Hugo sourit.

“Moi aussi.

— Mais, comme je t’ai dit, j’aime beaucoup Julia. Et ton neveu, aussi.”

Ils approchaient du Colisée et de l’attroupement qui s’était formé devant ses portes. Il y avait là quelques quinquagénaires, mais la plupart des gens étaient jeunes, plus jeunes que lui, peut-être de l’âge d’Elsa, qui semblait n’avoir guère plus de trente ans. Elle s’arrêta avant d’arriver trop près de la foule, sortit deux cigarettes de son sac et lui en proposa une.

“Et tu prévois de rester à Lisbonne ?

— Je vais voir. Pour l’instant, je veux me reposer. Laisser venir. Ces dernières années ont été assez catastrophiques.

— Est-ce que tu n’y serais pas pour quelque chose ?”

Hugo tira une longue bouffée de sa cigarette.

“Si, tu as raison. J’y suis pour quelque chose.

— C’est pas une critique. Je suis comme toi : j’assume mes responsabilités dans la défaite.” Ils marchèrent en silence un instant. “Récemment, j’ai vu un type dans je sais plus quel documentaire qui disait : « Si quelqu’un a pris des risques et s’est planté, et qu’il est tombé de la corde raide sur laquelle il marchait, il faut qu’une personne aille le ramasser à terre et lui offre des funérailles dignes de ce nom. »

— Ça me paraît sensé.

— Et il vaut mieux, alors, que ce soit un ami qui s'en occupe.

— Je suis quand même pas encore complètement fini."

Elsa sourit, jeta sa cigarette à moitié fumée et l'écrasa.

"Quand ce sera le cas, prie pour avoir un bon ami.

— Plutôt morbide, tout ça.

— La vie est morbide. Pas la peine de se voiler la face.

— Ma sœur m'avait dit que tu étais jolie. Elle avait raison. Ce qu'elle ne m'avait pas dit, c'est que tu étais aussi optimiste."

Elsa éclata de rire et, avec un culot que Hugo trouva exagéré, lui retira la cigarette du coin de la bouche, la jeta par terre et l'écrasa du bout du pied. Puis elle le prit par le bras et l'entraîna vers l'entrée du Colisée.

"On y va ?"

D'une certaine manière, il était fasciné par cette idée d'une rencontre à l'aveugle. Non seulement Elsa était pour lui une parfaite inconnue, mais en plus il ignorait tout du programme de la soirée : s'il y avait une affiche dans la rue indiquant le spectacle auquel il allait assister, il ne l'avait pas vue. C'est ainsi qu'il entra dans la salle comble sans avoir la moindre idée de ce qui l'attendait ni du genre de chose qu'il allait entendre quand ils auraient enfin atteint leurs places à l'orchestre.

Au moment où ils s'assirent, il avait pu voir que ce serait un trio : il y avait sur scène un piano à queue, une batterie et une contrebasse posée à l'horizontale. Il songea qu'au cours de la dernière année à Montréal il n'avait quasiment pas vu de concerts : il avait à peine la force d'aller aux siens, alors… Quelle sensation agréable, pensa-t-il, d'être assis à côté d'une femme ; son dos, endolori après toutes ces nuits passées sur le canapé de Julia et Franco, était confortablement carré dans le fauteuil tendu de velours. Elsa parlait, mais Hugo avait momentanément cessé de l'écouter. Il se contentait de regarder le tracé délicat de ses lèvres, de sentir son haleine – légère, imprégnée de tabac –, de se laisser aller à une sorte d'apaisement, en se disant qu'il pouvait enfin, après toutes ces années de gueule de bois, accepter qu'une soirée soit seulement ce qu'elle était : une soirée pendant laquelle il assisterait à un concert à côté d'une Polonaise dont il venait de faire la connaissance. Au bout de la nuit, selon son expression, ils pourraient, si l'occasion se présentait, échanger un baiser ou une étreinte avant que Hugo regagne un appartement qui n'était pas le sien, mais où il pouvait trouver le réconfort d'une famille qui l'accueillait et un petit garçon prénommé Mateus qui, par la grâce de l'enfance, ignorait encore tout des vicissitudes de la vie.

Soudain, les lumières s'éteignirent.

Un homme grand et gros entra en scène, déclenchant un tonnerre d'applaudissements et de vivats. Hugo sentit une vibration parcourir le public en extase derrière lui ; le vacarme et les mouvements de la foule formaient comme des vagues qui s'entrechoquaient et venaient ricocher contre sa nuque. Il se mit à applaudir lui aussi, même s'il demandait à voir. L'homme releva la contrebasse et se mit en position. Ensuite, plus discrètement, un type petit et presque chauve alla s'asseoir à la batterie, attrapa deux baguettes et testa une des pédales. Un bruit sourd résonna sur la scène. Enfin, comme dans un troisième acte volcanique, ce fut au tour du pianiste de se présenter. Pendant un instant, Hugo ne vit plus rien : le public se leva comme un seul homme pour applaudir, y compris un couple de quinquas ou sexagénaires qui, à la gauche d'Elsa, arrachèrent leur corps à la pesanteur pour se joindre à l'explosion de joie qui se propagea à travers tout le Colisée.

"Waouh", s'exclama Hugo. Elsa, à côté de lui, frappait dans ses mains en souriant. Il jeta un œil vers les loges : si, pour le contrebassiste, l'ovation avait duré plusieurs dizaines de secondes, c'était sans commune mesure avec les manifestations de jubilation qui soulevaient la salle à présent.

La tempête finit par cesser. Hugo observa attentivement le pianiste, même si, à cette distance, dans la pénombre – et parce que, chaque année, sa myopie empirait –, il parvenait mal à voir son visage. Il nota, cependant, avant qu'il s'assoie au piano, sa grande taille, ses longues mains osseuses, une barbe de trois jours ; il portait des lunettes ; ses cheveux grisonnants reflétaient les lumières bleutées qui éclairaient fugacement le décor. Il regarda au fond de la scène : les noms des musiciens s'étaient affichés en lettres blanches sur fond noir. Il conclut, compte tenu de l'intensité des applaudissements, que la taille des lettres variait en fonction de l'importance hiérarchique et de la notoriété des musiciens : tout en bas, celui du batteur ; un peu plus haut, celui du contrebassiste ; et, en lettres énormes, comme le nom d'un aîné, celui du pianiste : Luís Stockman.

Le concert commença immédiatement. Les premières notes furent jouées sur un rythme lent. Ce n'était pas vraiment du jazz – ou, du moins, ça ne sonnait pas comme tel. Mais après avoir introduit le thème, Stockman se lança subitement dans une impro, accompagné du seul contrebassiste, et Hugo comprit alors (avec un mélange d'admiration et de jalousie) pourquoi tout le monde, dans les loges comme à l'orchestre, s'était levé pour saluer son arrivée. Concentré, déterminé, fougueux, le pianiste afficha un mélange peu commun de maîtrise technique et d'instinct, livrant son impro par phases successives, inattendues, comme autant de cascades, au point que le contrebassiste semblait parfois perdu, jusqu'au moment où il comprenait ce que faisait et refaisait Stockman. Puis la contrebasse se tut. Stockman joua seul pendant plusieurs minutes, mais Hugo eut le sentiment que c'était beaucoup plus long et en eut des frissons dans le dos. Quant à Elsa, les poils de son bras droit se hérissèrent, c'est du moins l'impression qu'eut Hugo qui, en chemisette, aurait juré les sentir contre sa peau. Dans le Colisée, le silence se fit, avec vénération. On entendait le piano, le pied de Stockman frappant le sol, sa respiration haletante ; puis, aussi subtilement qu'ils avaient abandonné le thème, les musiciens qui l'accompagnaient le rejoignirent et la mélodie se restaura, ramenant de l'ordre dans l'univers chaotique et génial de ce pianiste dont il n'avait jamais entendu parler – ce qui l'étonnait tout autant que la qualité de sa musique.

La salle croula sous des applaudissements émus.

Les thèmes suivants furent plus rythmés, et le batteur – jusque-là plutôt effacé – afficha à son tour une maîtrise technique enviable. La contrebasse, d'une excellente acoustique lui sembla-t-il, se fit entendre avec plus de véhémence. À l'entame du quatrième thème, Hugo sourit en reconnaissant les premiers accords de *My Funny Valentine* ; Elsa aussi les avait reconnus, et ils échangèrent un bref regard. Hugo remarqua qu'un peu de sueur perlait sur son front, juste sous la frange. Il se souvint de Catherine : elle aussi, bien souvent, lorsqu'elle venait lui ouvrir la porte de son atelier, avait le front luisant de sueur, caractéristique des femmes qui n'ont pas mis (ou ne portent pas) de maquillage. Il trouvait à ces quelques gouttelettes une indéniable beauté, car elles étaient une preuve d'humanité. Il attribua la paternité des thèmes qu'il ne reconnut pas à Stockman lui-même, visiblement un compositeur de très haut niveau, bien loin du simple instrumentiste de jazz. Il avait franchi la frontière invisible qui sépare l'interprète du compositeur – celle que Hugo souhaitait ardemment traverser un jour – pour devenir un authentique musicien, ce que confirmaient la salle archibondée et la voracité avec laquelle il jouait.

C'est à cet instant, pendant que lui venaient ces pensées et qu'il sentait, de plus en plus proche, la chaleur du bras d'Elsa, qui se frottait doucement au sien au rythme syncopé de la batterie, qu'il entendit l'accord si familier. *Do* dièse. Puis l'enchaînement de notes qui, dans sa tête, s'était déployé tant et tant de fois en une mélodie magnifique, en dépit d'achoppements sur quelques accords mineurs, cet extravagant enchaînement qu'il avait si souvent essayé sur Nutella. *Sa* mélodie, à laquelle il avait donné tant de noms, qui portait maintenant celui d'une bonne prénommée Dulcineia. Tout d'abord, ce fut l'incrédulité, il écarquilla les yeux, médusé. Ensuite, il comprit avec stupéfaction que, pendant qu'il devinait la progression des accords, la mélodie, jouée par-dessus avec dextérité par la main droite du musicien, était exactement identique à celle qu'il avait inventée et travaillée si assidûment. Pour finir, sans plus savoir où il était, concentrant son regard sur le pianiste comme si tout alentour avait sombré dans l'obscurité, sentant son corps brutalement se dérober à lui-même, la réalité aspirée vers un point de fuite vertigineux, il se rendit compte que Stockman lui avait volé sa seule œuvre digne de ce nom.

"Le salopard", murmura-t-il entre ses dents.

Elsa le regarda tout étonnée.

"Quelque chose qui va pas?"

Hugo ne répondit pas. Il s'efforça de réfléchir et d'imaginer les scénarios possibles. Il fallait rester calme. Se pouvait-il que ce soit lui, le voleur? Il pouvait avoir entendu, ici ou là, sur un disque égaré, à la radio, dans un bar à pas d'heure, accidentellement, ce thème que Stockman venait de jouer – et ce thème aurait pénétré sa conscience d'alcoolique et d'insomniaque, serait resté tapi quelque part dans sa tête, en sommeil, puis serait remonté à la surface un jour, comme une pierre arrachée à la boue. Était-ce lui et non Stockman le plagiaire? Venait-il d'entendre, avec horreur, devant des milliers d'adorateurs inconditionnels – des milliers de fans –, quelqu'un jouer un thème qu'il croyait être à lui et qui, en réalité, ne lui aurait jamais appartenu? *Dulcineia*, songea-t-il. Il se tourna vers Elsa et lui demanda tout bas, tandis que le contrebassiste faisait un solo sur les accords du piano :

"Tu connais ce morceau?"

Elsa fit non de la tête.

"Je les connais tous, sauf celui-là."

Hugo s'enfonça dans son fauteuil, prostré, ruminant sa frustration.

Il fut incapable de prêter attention à la suite du concert. Pendant les quarante minutes suivantes, il resta figé, sans pouvoir apprécier une seule note, respirer normalement ni s'ôter cette idée de l'esprit : il venait d'entendre sa composition, sur laquelle il travaillait depuis des années, jouée par un inconnu. Après le concert, dans la rue, il fuma nerveusement une cigarette d'Elsa, sans décrocher un mot. Elle l'interrogea :

"Qu'est-ce qui t'arrive ? On dirait que tu viens de voir un mort."

Je viens de voir un mort, eut-il envie de répondre. Mais il secoua la tête, comme s'il pouvait ainsi se libérer du sortilège, et tira avidement sur sa cigarette.

"Sa musique m'a bouleversé.

— J'avais bien pensé que ça pouvait arriver, répondit-elle. Stockman, c'est tellement intense.

— Tu connais bien son œuvre ?

— Il n'a fait qu'un album, un énorme succès. Ç'a été difficile d'avoir des places pour ce soir, tu sais ?

— C'est bizarre. Je n'avais jamais entendu parler de lui.

— Il est apparu d'un coup, dit Elsa. Il n'y avait que les mordus de jazz qui l'avaient repéré. Ensuite, son disque est sorti, les critiques ont été excellentes et il est devenu très connu. Même parmi des gens comme moi, qui écoutent rarement de la musique instrumentale."

Hugo tira de nouveau longuement sur sa cigarette. Il fixait les pavés avec une intensité ridicule. Elsa se figea.

"J'ai trouvé."

Hugo s'arrêta à son tour, quelques mètres plus loin, et se retourna vers elle.

"Qu'est-ce que tu as trouvé?

— J'ai trouvé à qui tu me fais penser." Silence. Elsa sourit, tandis qu'un couple vêtu de noir passait devant eux, en leur jetant un regard en coin. "Tu ressembles à Stockman."

Manquait plus que ça, pensa Hugo, avec la sensation qu'il pénétrait par hasard dans le rêve de quelqu'un d'autre. Un rêve pour se payer sa tête, dans lequel on l'attendait pour l'humilier sans pitié.

"Ou, en tout cas, vous avez des points communs, insista Elsa, en s'approchant. Peut-être la taille. Ou les mains."

Ils se remirent en marche.

"Et ce thème que tu ne connaissais pas?"

Elsa haussa les épaules.

"Quoi? Qu'est-ce qu'il y a?

— Non, rien. Simple curiosité.

— Il doit être nouveau. Pourquoi?"

Hugo resta un instant sans rien dire, jeta son mégot et l'écrasa nerveusement. Il avait la gorge sèche et âpre, comme s'il avait bu un litre d'essence dans la journée.

"J'ai trouvé ce morceau particulièrement intéressant.

— Moi, je l'ai trouvé magnifique. Tous, d'ailleurs. Mais, toi, t'es musicien, non? T'as pas trouvé qu'il était magnifique, Stockman?"

Un magnifique enfoiré, oui, pensa Hugo, sans se rendre compte que c'était absurde, qu'il était rigoureusement impossible – à moins que les murs n'aient vraiment des oreilles – que le pianiste l'ait plagié, puisqu'il n'avait jamais rien enregistré, jamais sorti aucun disque, et que cette composition en *do* dièse, connue uniquement sous le nom de *Dulcineia*, n'existait que dans sa tête. De sorte qu'il répondit, le ventre en feu, en rejetant de la vapeur dans l'air froid de la nuit :

"Magnifique, c'est peu de le dire."

Le lendemain, un samedi, Hugo emmena Mateus dans la Baixa. Il n'avait pas dormi ; ou, s'il avait dormi, son corps n'en avait rien su car il était perclus de douleurs, ses paupières étaient lourdes et de grands cernes noirs donnaient à son visage d'une pâleur morbide un aspect fantasmagorique. Pendant que Mateus enfilait ses bottes et un ciré bleu ciel à cause de la pluie, Julia observa longuement son frère.

"Tu m'as pas l'air dans ton assiette.

— Manque de sommeil, répondit Hugo.

— C'est la Polonaise qui t'a donné du fil à retordre hier ?

— Non, pas du tout. C'est dans la tête. Comme si j'étais incapable de débrancher quand il est l'heure de dormir.

— Pas de bêtises avec mon fils."

Le gamin trépignait de joie devant la porte. Ils sortirent tous les deux, main dans la main.

"Tonton, dit-il.

— Oui ?

— On va manger une glace ?

— Je ne sais pas si on peut trouver des glaces à cette saison. Il fait trop froid.

— Alors on va manger une glace chaude ?"

Hugo accepta, sans prêter attention à l'absurdité de la chose. Ils descendirent les escaliers du métro ; Mateus bondissait dans le vide pour avancer plus vite que ne le lui permettaient ses petites jambes et Hugo le tenait fermement afin d'éviter qu'il ne s'étale. Lui revint alors, comme un frisson, le moment où Stockman avait joué la mélodie qui lui appartenait. La soirée s'était finie de la pire des façons : il avait amené Elsa dans un bar trop bruyant et, pendant un peu plus d'une heure, avait été incapable de se concentrer sur ce qu'elle lui disait. Elle lui avait parlé de son séjour en Italie, d'une petite bourgade où elle avait vécu un temps dans une maison en bord de mer avec un écrivain portugais (dont Hugo ne retint pas le nom). Elle lui avait décrit avec une exactitude mélancolique leurs échappées à Vespa les nuits d'été, quand ils filaient sans but par les sentiers et les routes escarpées de la côte, avec toujours en ligne de mire le promontoire du mont Circé. Il n'avait accordé aucune attention à tout cela. Il avait bu deux eaux gazeuses, acquiescé à ce que lui racontait Elsa, avant de sentir une angoisse monter en lui, puis au bout d'un moment, excédé par la lenteur avec laquelle l'actrice buvait son verre de vin – alors que lui n'avait qu'une envie : commander une bouteille et la siffler au goulot jusqu'à la dernière goutte –, il avait demandé l'addition. Aux alentours de minuit, incapable de rester plus longtemps avec cette femme qui, contrairement à ce qu'on aurait pu supposer, semblait avoir envie de lui tenir compagnie, il lui avait dit au revoir à la hâte à une station de taxis. À son arrivée à l'appartement, tout le monde dormait : seul le réfrigérateur faisait entendre son bourdonnement, dans une atmosphère spectrale envahie par les ombres ; et, désormais, par l'ombre d'un autre. Il était allé jusqu'à la chambre de Mateus et avait entrouvert la porte, avec l'envie de réveiller l'enfant pour lui demander s'il était possible, en ce bas monde, que deux personnes aient exactement la même sensibilité ou, par un hasard incroyable, qu'elles écrivent exactement la même œuvre, sans se connaître ; ou s'il pensait qu'il s'agissait tout bonnement d'un vol. Mateus n'aurait pas su lui répondre, et le réveiller n'aurait fait qu'aggraver la situation : le garçon se serait mis à pleurer, encore tout ensommeillé, Julia et Franco se seraient réveillés et auraient voulu savoir ce qu'il pouvait bien fabriquer, à deux heures du matin, dans la chambre de leur fils. Il avait alors regardé l'étui de sa contrebasse, dans lequel reposait son instrument vieux de cent trente ans, indifférent aux bizarreries du monde, et lâché un juron à voix basse.

Dans le magasin, pendant que Mateus jouait à un jeu vidéo avec un soldat du futur se battant contre des dinosaures, Hugo alla demander où il pouvait trouver le disque de Luís Stockman. Vous êtes aveugle ou quoi, sembla lui répondre le vendeur en lui désignant le présentoir des meilleures ventes. L'album de Stockman occupait la deuxième place, battu seulement par un chanteur lyrique dont les interprétations mondialement connues étaient, d'après Édouard, le pire fléau qu'ait connu la musique. Il jeta un œil vers Mateus et le vit complètement absorbé, cramponné aux commandes du jeu. Il se fraya alors un passage à travers le flot de clients déambulant dans les allées, s'approcha des présentoirs et se mit à observer l'album du pianiste. Il trouva la pochette absolument vulgaire. Stockman, avec la même barbe que la veille, le même aspect émacié, les mêmes lunettes, était assis sur une chaise au centre d'une pièce vide. Dans le fond, près d'une fenêtre entrouverte, un piano, flou à cause de la distance ; le piano et la fenêtre étaient recouverts d'une brume artificielle, sans doute ajoutée par un habile spécialiste de la retouche photo. Stockman, en revanche, était parfaitement net, devant l'instrument, comme si le piano était une chose secondaire, comme si sa personne était la véritable raison d'être de l'instrument et lui préexistait. Aucun des musiciens qu'avait connus Hugo ne se dissociait de la sorte du médium de leur créativité : un instrumentiste et son instrument étaient des créatures organiquement liées, comme si le second était le prolongement du premier ou, d'une certaine manière, le complétait. Il était ridicule, pensa-t-il, que Stockman se laisse représenter de cette façon.

Il prit un disque. Regarda le recto et le verso avec dépit. Il n'y avait pas de titre : ça s'appelait, simplement, *Luís Stockman*. Dix morceaux, pas un de plus, pas un de moins. Malgré une envie presque irrépressible de l'écouter, il se retint et reposa le CD. À cet instant, tandis qu'il regardait Stockman avec un curieux mélange de répulsion et d'admiration, il sentit que quelqu'un à côté de lui était en train de le dévisager avec insistance. Il tourna la tête : c'était une femme d'une quarantaine d'années, foulard sur la tête et cheveux ras, vêtue d'une grosse veste en peau retournée. Elle tenait dans sa main droite une pile de disques de musique classique.

“C'est vous, pas vrai ? demanda-t-elle, avec un sourire timide.

— Pardon ?” répondit Hugo.

La femme désigna le disque de Stockman.

“C'est vous, sauf que vous n'avez plus la barbe.”

Hugo finit par comprendre ce que cette femme essayait de lui dire. Il comprit également ce qu'Elsa avait laissé entendre, une idée qui lui avait déjà traversé l'esprit, même s'il était trop têtu pour accepter cette sinistre réalité : entre lui et Stockman, la ressemblance était frappante. Comme le pianiste, Hugo était grand, maigre, dégingandé, avec des mains osseuses ; comme le pianiste, il avait les cheveux grisonnants, un air désabusé et les traits creusés de quelqu'un qui réfléchit trop et ne mange pas assez.

"Je vous ai reconnu à votre allure", dit la femme, qui s'était mise à rougir. Hugo ne sut quoi répondre, tellement il était stupéfait d'être abordé de la sorte. Puis elle ouvrit une petite sacoche en cuir qu'elle portait en bandoulière et en sortit un carnet noir. Elle lui tendit le carnet et un minuscule stylo.

"Vous voulez bien me signer un autographe ? Votre musique est somptueuse."

Hugo voulut lever le malentendu, il voulut dire à cette femme qu'il n'était pas Stockman, qu'il ne connaissait pas Stockman, il ne l'avait vu qu'une fois, de loin, et qu'en vérité le pianiste avait pénétré par effraction dans son âme et lui avait volé la seule chose dont il se sentait fier dans la vie. Mais il était trop tard. Quand il recouvra ses esprits, il était déjà en train d'apposer sa signature sur une page du carnet, griffonnant un nom qui n'était pas le sien, d'une écriture qu'il ne se connaissait pas, quelque chose entre le gribouillage et l'arabesque pour représenter un L et un S énormes et leur adjoindre les lettres qui composaient les deux mots de son nom.

La femme repartit tout sourire, dévoilant des dents jaunies par le tabac. Hugo remarqua qu'un couple le fixait, en se demandant peut-être qui était ce type à qui une inconnue venait de faire signer un autographe. Embarrassé, interdit, il reprit un disque, le glissa dans la poche de sa veste avec l'intention de le payer à la sortie, fit demi-tour et alla chercher Mateus.

Mais Mateus ne se trouvait plus où il l'avait laissé.

Il fut pris d'un haut-le-cœur. Il courut comme un désespéré à travers tout l'espace jeux, bousculant aussi bien les enfants que les ados et les adultes qui se trouvaient là, occupés à découvrir les dernières nouveautés. Il appela en criant ; soudain inondé de sueur et la chemise collée à la peau, il sentit la réalité se dérober à lui dans une spirale de panique. Il s'adressa brutalement à un vendeur, le tira par le bras, lui demanda plusieurs fois s'il n'avait pas vu un enfant comme ci et comme ça, qui se trouvait près du jeu avec le soldat du futur qui se battait contre les dinosaures. Le vendeur, apeuré, lui répondit qu'une foule d'enfants passait par là et lui recommanda d'aller voir à l'étage au-dessus, vu que les escaliers roulants étaient habituellement une attraction appréciée des plus petits.

Hugo grimpa l'escalier en trébuchant. Arrivé à l'étage, il fit le tour du café comme un fou, puis, imaginant les funestes conséquences de sa ridicule distraction, il se vit en train d'expliquer à Julia et Franco qu'au moment où Mateus disparaissait à tout jamais, lui, son oncle censé veiller sur lui, était occupé à donner un autographe bidon à une femme aux dents jaunes. Il imagina que Franco l'assassinait à coups de hache et que Julia crachait sur sa tombe. C'est alors qu'il aperçut Mateus. Il sortait du magasin en sautillant, heureux comme une fleur au printemps. Hugo reprit immédiatement des couleurs : en criant, il appela l'enfant, qui se retourna et lui sourit. Il se précipita vers la sortie mais, dès qu'il eut franchi la porte du magasin, l'alarme retentit.

Un vigile lui barra le passage et demanda à le fouiller. Voyant que Mateus, de nouveau dans la lune, lui tournait le dos et s'avançait vers l'escalator qui menait jusqu'à la rue, Hugo expliqua au vigile qu'il allait revenir payer le disque glissé dans la poche de sa veste, qu'il n'en avait que pour une minute.

"C'est mon petit neveu qui s'en va, là, insista-t-il, en désignant l'enfant.

— Vous croyez que je vais vous laisser filer comme ça ?" lança le vigile, un type petit et costaud, en lui broyant le bras.

Hugo voulut repousser le vigile, mais celui-ci, solide comme un roc, ne bougea pas d'un pouce. Une seconde plus tard, le contrebassiste était à terre, un bras tordu dans le dos, criant après Mateus, qui s'apprêtait à disparaître au dernier niveau de l'escalier roulant, probablement en quête d'une glace chaude.

Franco ne pouvait pas le regarder. Il était parfaitement concentré sur sa conduite, mais il serrait le volant comme on serre le bras d'un ennemi, les mains crispées, les veines saillantes, comme s'il voulait le briser en deux. Julia, sur le siège passager, ne décrochait pas un mot. À l'arrière, Hugo regardait défiler la ville triste et battue par la pluie, tandis que Mateus, sans rien comprendre à ce qui se passait, s'amusait à dessiner un soleil souriant sur la vitre embuée.

"On ne va pas parler de ce qui aurait pu arriver, finit par dire Julia.

— Il vaut mieux, acquiesça Franco.

— Parce que, si on en parlait, tu débarrasserais le plancher aujourd'hui même, insista Julia.

— En emportant cette merde géante, là, qui encombre la chambre de mon fils", ajouta Franco.

Hugo resta muet. Il s'était excusé plusieurs fois, conscient d'être dans le rôle du dernier des minables : l'oncle qui perd son neveu dans un magasin. Il avait le dos et le bras tout endoloris à cause de la clé du vigile et de la longue attente au commissariat, en compagnie d'un enfant que fascinait l'uniforme des policiers. Julia avait raison : les choses auraient pu encore plus mal tourner si Mateus n'avait pas décidé de revenir dans le magasin pour demander de l'argent à son oncle – il avait vu quelque chose qui lui faisait envie dans une vitrine. Arrivé à l'entrée, il l'avait trouvé allongé par terre, écrasé sous un monsieur. Mateus s'était mis à sangloter, surtout quand Hugo lui avait ordonné en hurlant de confirmer qu'il était bien son oncle. Il était trop tard. À ce stade, quelqu'un avait déjà appelé la police, accusant Hugo d'avoir agressé un employé du magasin et d'avoir tenté de filer sans payer.

Au-dessus du soleil, Mateus dessinait maintenant un avion. Hugo désira très fort être un enfant : ne pas avoir idée du poids de la vie, de la responsabilité que ça représentait. Il regarda les cheveux en bataille de son neveu qui, s'apercevant qu'il l'observait, lui sourit, abandonna son dessin et appuya sa frimousse toute frisée contre son bras. Hugo en aurait pleuré, mais il se retint ; de la main, il sentit dans la poche droite de sa veste le boîtier du CD de Stockman – ils avaient finalement laissé l'objet du crime sur lui, obnubilés par sa tentative d'agression, qui leur avait certainement paru plus grave.

"Ce monsieur était idiot, dit le gamin.

— Mateus ! le houspilla Julia, sans se retourner.

— Il était assis sur tonton.

— Il n'était pas vraiment *assis*, corrigea Hugo.

— Il était plus fort que toi ? s'inquiéta Mateus.

— C'est son métier, répondit Hugo. Être plus fort et plus idiot que moi."

Franco freina devant un feu orange. Derrière lui, une voiture klaxonna à tout va et le dépassa par la droite.

"Abruti ! lança-t-il.

— Franco, se fâcha Julia. Je t'en prie. Ça suffit."

Hugo observa la mine renfrognée de son beau-frère, ses gestes agressifs. Il détestait sa façon de parler ; il détestait la façon qu'il avait de s'approprier le monde, l'aisance avec laquelle il se mouvait dans la réalité, immanquablement muni de son appareil qui ne lui servait à rien d'autre qu'à enregistrer, photo après photo, ce qui se produisait sous ses yeux. Quel sens cela pouvait-il avoir de capturer ainsi en continu les événements du quotidien ? Comment un homme pouvait-il se satisfaire de cela ? Franco s'en contentait, lui, visiblement. Comme s'il avait lu dans ses pensées, son beau-frère ouvrit la boîte à gants, en sortit son Lomo et, passant la tête à la portière, prit une photo d'un SDF qui dormait à même le sol. Julia enfouit son visage dans ses mains, comme si elle ne voulait pas croire ce qu'elle voyait ; Mateus regarda l'homme couché sur le trottoir, dormant à poings fermés sous une couverture immonde, en ignorant qu'un autre homme – probablement du même âge, au même endroit, dans le même pays – le prenait en photo sans savoir pour quelle raison, ni dans quel but. Vampire, pensa Hugo ; et, immédiatement, lui revint en mémoire le moment fatidique du concert où Stockman avait joué *Dulcineia*.

"Qu'est-ce qu'il fait, ce monsieur, couché par terre ? lui demanda Mateus.

— Il pose, comme ça ton père peut le prendre en photo tranquillement", répondit Hugo.

Franco pila si brutalement que Hugo dut retenir l'enfant pour qu'il ne soit pas projeté vers l'avant. Derrière eux, d'autres véhicules commencèrent à klaxonner. Franco ne dit pas un mot : il ouvrit sa portière, sortit, referma sa portière, fit le tour de la voiture, ouvrit du côté de Hugo et attendit que celui-ci descende. Durant un instant, Hugo réussit encore à percevoir les voix de Julia et de Mateus ; mais bientôt elles ne furent plus qu'un écho lointain quand Franco redémarra en trombe, sous la pluie incessante de cet horrible mois de février. Planté au beau milieu de la chaussée, Hugo aperçut la bouille du gamin, à l'arrière, qui s'était retourné et le regardait comme un fantôme – ce qu'il était, en effet – tandis que la voiture s'éloignait, avant de tourner le coin de la rue et de brusquement disparaître.

Pendant un certain temps, il avait cru être amoureux de Catherine. Dès leur première rencontre – dans un bar de la rue Beaubien, qu'aucun d'eux n'avait l'habitude de fréquenter –, la luthière et lui s'étaient ouverts l'un à l'autre avec la même générosité que de vieux amis. Il se rappelait ce jour avec nostalgie, mais avec peine aussi : toujours cette même brume engloutissant le passé dans ses limbes redoutables. Il se souvenait d'avoir accompagné Édouard, un mordu de foot, dans un bar pour assister à un match du Championnat de France et, moins par coïncidence que parce que les amis de son ami appartenaient tous au même milieu, il avait fini par faire connaissance avec la personne qui lui manquait.

L'été précédent, Édouard et lui avaient joué en plein air, dans le square Saint-Louis, un petit parc bordé de maisons coloniales. Le concert intégrait la programmation du Festival de Jazz, et partout sur la pelouse des jeunes partageaient des bières en fumant des joints pendant que Hugo, Édouard et un batteur canadien jouaient quelques standards et des compositions originales du pianiste qui allaient du jazz au bluegrass, résultat des années qu'Édouard avait passées à La Nouvelle-Orléans. Au beau milieu d'un thème, il arriva à Hugo ce qu'aucun musicien n'oserait imaginer, surtout en *live*, surtout quand la soirée promet d'être longue : sa contrebasse se brisa en deux. Il était remonté le long de la touche pour jouer un *fa* dièse tonitruant et, en appuyant sur la corde avec le majeur de sa main gauche, il avait senti le sol bouger, comme un petit tremblement de terre. Quelques secondes plus tard, la pique de l'instrument, qui le maintenait à la hauteur adéquate, céda violemment et la contrebasse se cassa en deux. Hugo se retrouva comme un idiot : le manche et les cordes dans une main et la caisse de résonance, séparée du reste de l'instrument, écroulée entre ses genoux. Le public qui se trouvait juste au bord de la scène resta muet pendant cinq très longues secondes ; Édouard et le batteur s'arrêtèrent de jouer pour voir ce qui s'était passé. Ensuite, quelqu'un commença à rigoler. Et, bientôt, le rire gagna la foule entière ; certaines filles essayaient bien de cacher leur sourire derrière leur paume, mais le reste du public fut incapable de se retenir devant cet étrange spectacle.

Hugo posa ce qui restait de l'instrument par terre, salua et quitta la scène.

Cependant, ce n'était pas la première fois qu'une telle chose arrivait à un contrebassiste. Dans son cas, la qualité médiocre de l'instrument, la chaleur humide de l'été montréalais et les mauvais traitements qu'il avait infligés à sa contrebasse ne pouvaient qu'aboutir à ce dénouement fatal. Pendant les mois qui suivirent, il joua sur un instrument de location. Puis vint la rencontre avec Catherine dans ce bar de la rue Beaubien. Elle ne connaissait rien au foot ; elle avait accompagné le batteur canadien avec qui Édouard et lui jouaient. Ils se mirent à discuter pendant la mi-temps, tandis que les autres, dehors, échangeaient leurs impressions sur le match entre deux grandes gorgées de bière Boréale. L'ambiance était typique des bars de sportifs : maillots de foot, discussions sur le foot, une proportion de trois ou quatre hommes pour une femme. Lorsqu'il comprit que Catherine, cette jeune femme gracile, aux doigts couverts de pansements, travaillait sur des instruments à cordes, il tomba immédiatement amoureux d'elle. Il était addict et elle produisait sa came favorite. Après le match, alors qu'Édouard rentrait dîner chez lui avec sa femme et ses enfants (c'était un dimanche, il s'en souvenait) et que le batteur s'était purement et simplement volatilisé, Catherine et lui restèrent à la terrasse du café à discuter à bâtons rompus, évoquant tels nuance ou point de détail d'un instrument, tels nuance ou point de détail de la vie.

C'est Catherine qui lui conseilla d'aller à la vente aux enchères. Dans une salle de Westmount, entre violons, violoncelles et archets, elle était là : Nutella, la contrebasse que Catherine avait restaurée spécialement pour la vente. Au premier coup d'œil, après qu'une jolie fille eut retiré le tissu bleu dont il était recouvert, Hugo eut la certitude que ce ne pouvait être que celui-là : l'instrument que la luthière avait soigné de ses mains, qu'elle avait choyé, comme on offre une seconde jeunesse à un vieillard, à l'aide d'élixirs magiques. Il l'acheta. Il renchérit sur deux offres et déboursa plus de sept mille dollars, une partie au comptant, le reste avec de l'argent emprunté à Boulay. Jamais il n'eut le moindre regret : bien des fois, la contrebasse lui servit d'excuse pour rendre visite à Catherine dans son atelier et passer une heure ou deux en sa compagnie ; elle s'occupait de Nutella ou il l'invitait à prendre une bière à la terrasse du café le plus proche.

Jamais ils ne s'embrassèrent. Puis le temps passa, sans que l'occasion leur en soit offerte. Hugo devint distant, mélancolique, affecté par une vie qui ne laissait pas de place à l'amour ; Catherine, qui le voyait peu à peu sombrer, ne pouvait rien faire d'autre que d'attendre qu'il passe à l'atelier, de plus en plus rarement, quand la contrebasse était en détresse. Un soir, environ six mois avant le retour de Hugo à Lisbonne, ils se rencontrèrent par hasard au concert d'un musicien espagnol. Ils étaient tous les deux assis à l'orchestre : elle, en compagnie d'un homme ; lui, seul, un siège vide à côté de lui, vu qu'il avait acheté deux places – pour lui et pour une pseudo-petite amie qui, le jour même, lui avait annoncé qu'elle ne supportait plus son instabilité, l'inconstance de son humeur, son style de vie chaotique. Pendant l'entracte d'un concert ennuyeux à mourir, Hugo alla aux toilettes, traça une ligne de coke sur l'abattant de la cuvette, la snifa, puis gagna le bar avec une confiance renouvelée en la réalité. Il ne tarda pas à rencontrer Catherine et l'homme qui l'accompagnait. C'est lui qui le prévint :

"Tu saignes du nez."

Hugo s'essuya avec la manche de sa veste, qui se tacha d'un liquide rouge sombre : il n'eut pas l'impression que c'était du sang. Il retourna aux toilettes pour se laver, il essaya de rajuster ses vêtements, essaya de recoiffer ses cheveux en arrière, mais tout semblait se liguer contre lui, il était le jouet de forces contraires. Quand il ressortit dans le hall, les spectateurs étaient déjà en train de regagner leurs places pour la seconde partie. Mais Catherine était là, appuyée contre la balustrade de l'escalier qui conduisait à la salle de concert. Elle patientait en enroulant la pointe de ses cheveux autour de ses doigts.

"Je crois qu'il faudrait que tu prennes un peu plus soin de toi", lui dit-elle, d'un air grave. Hugo, adossé au mur, encore en train de renifler, son cœur battant trop vite pour qu'il puisse retourner dans la salle, admit que Catherine avait raison.

Avec le peu d'argent qui lui restait, Hugo loua un meublé dans la Baixa. Une mansarde qui sentait le renfermé et le gaz de ville, au cinquième étage d'un immeuble de la rua dos Correeiros. Quand il indiqua sa profession à la propriétaire, elle le regarda d'un air soupçonneux.

"Vous n'allez pas faire de tintamarre, j'espère ?

— Je vous promets que, si je joue, ce sera seulement pendant la journée. Et il est même probable que je ne joue pas du tout.

— Alors vous êtes un musicien qui ne joue pas ?

— Ça arrive aux meilleurs."

Il emménagea dès que la dame lui remit les clés. En attendant, il était resté chez sa sœur, semi-clandestinement à cause de Franco : Julia le pria de sortir tôt le matin et de ne rentrer que pour dormir. Son mari était furieux contre lui et, quand Franco était furieux, il n'y avait pas trente-six solutions pour qu'il se calme : il fallait se faire discret, garder le silence. Il sentait qu'il avait déçu jusqu'à sa propre sœur. Il arpenta Lisbonne pendant trois jours à la recherche d'un appartement ; n'importe quoi ferait l'affaire, même une mansarde. Quand il alla chercher ses affaires, il tomba sur Dulcineia dans le couloir, avec son tablier ; elle ramassait les céréales que Mateus avait laissées tomber un peu partout pendant le goûter. Il remarqua que ses affaires aussi étaient dans le couloir, ses habits dans la valise, la contrebasse dans son étui, couchée par terre. Dulcineia alla dans la cuisine et en rapporta un sac.

"J'ai rassemblé quelques petites choses dont vous aurez besoin, lui dit-elle, avec tendresse. J'espère que vous ne m'en voudrez pas."

Hugo regarda dans le sac et vit plusieurs flacons avec de petites étiquettes. Sur l'une d'elles : shampoing. Sur une autre : gel douche. Une autre : après-rasage.

Dulcineia jeta un œil dans le couloir vide, comme si elle avait voulu s'assurer que les murs ne les entendraient pas.

"J'ai volé un peu de chaque chose au patron. Madame s'en fiche."

Hugo sourit, touché. Il eut envie de la prendre dans ses bras, de sentir sa chaleur en plaquant son torse contre les seins généreux de Dulcineia. Mais Mateus fit soudain son apparition au fond du couloir.

“La barque basse s’en va ? demanda le gamin, du lait aux coins des lèvres.

— Viens ici que je te débarbouille”, dit Dulcineia.

Mateus s’approcha comme le font les enfants, fixant son oncle sans ciller tout en présentant sa frimousse à la bonne qui, avec la pointe de son tablier, lui nettoya la bouche.

“C’est comme ça”, répondit Hugo, en se mettant à genoux. Il observa les yeux écarquillés de son neveu, dont le blanc était si pur qu’on aurait dit de la neige. “La barque basse doit continuer sa traversée. Naviguer par-ci, par-là.

— Et toi aussi, tu t’en vas ?” voulut savoir Mateus, en passant son index dans le trou laissé par une dent de devant.

“Enlève tes mains de la bouche, elles sont sales, lui dit Dulcineia.

— Oui, moi aussi. Mais je suis sûr qu’on se reverra, mon grand.”

Hugo observa l’air anxieux de son neveu et comprit amèrement que jamais il ne pourrait effacer son absence des premières années. Il avait beau se trouver à cet instant agenouillé devant un enfant qui était aussi une partie de lui, le fils de sa sœur jumelle, jamais le temps présent ne pourrait remplacer le temps passé, lorsque Mateus n’était qu’un nouveau-né, une créature qui ne ressemblait en rien ou presque au mouflet déluré qu’il avait devant lui. Cette absence – les deux premières années, suivies de trois autres, autant dire des siècles, probablement, pour un enfant – était comme une tumeur impossible à extirper, une malformation congénitale. Il serait pour toujours l’oncle absent, silhouette fugace apparaissant et disparaissant dans la vie de Mateus.

Il était à peine arrivé qu'il repartait déjà : qu'est-ce que c'est que ce bonhomme, devait se demander le garçon, qui déboule dans ma vie avec des promesses de glaces chaudes et une barque basse et qui, tout à coup, se volatilise comme s'il n'avait jamais été là ?

"Mais tu t'en vas ?" demanda une nouvelle fois Mateus, comme si la première réponse de Hugo n'avait aucun sens.

Dulcineia, comprenant peut-être que le moment était délicat, prit Mateus dans ses bras. Le petit jeta les siens autour du cou de la bonne et y enfouit son visage, comme s'il rejetait l'existence de son oncle.

"Finalement, vous ne m'avez jamais joué ce morceau que vous étiez en train de composer, fit remarquer Dulcineia.

— À vrai dire, je ne l'ai pas encore terminé, répondit Hugo, avec une profonde tristesse. Un jour, qui sait ?"

Dulcineia s'approcha de lui et Hugo sentit son haleine fraîche, comme si elle venait de se laver les dents.

"Si vous voulez voir votre neveu, je vais le chercher tous les jours à trois heures. Ensuite, on fait un petit tour dans le parc. Je veux dire, si vous ne voulez pas venir ici, à l'appartement."

Ils se dirent au revoir. Mateus refusa de le regarder. Après avoir appelé un taxi, Hugo descendit par l'ascenseur avec sa contrebasse et sa valise.

Depuis le cinquième étage de la rua dos Correeiros, il pouvait voir les rues de la Baixa, l'arche de la rua Augusta, une large portion du fleuve. Une petite fenêtre lui donnait accès au monde et, une grande partie de la journée, il la laissait ouverte malgré la pluie incessante qui entrait et formait de petites flaques sur le rebord. Comme le plafond était incliné et que l'instrument le dépassait d'une tête, il ne pouvait redresser sa contrebasse que d'un côté de l'appartement. À l'autre extrémité, lui-même ne pouvait pas se tenir debout ; c'est donc là qu'il dormait, dans un lit à une place, sous un drap et une couverture orange. Chaque matin, il se réveillait transpercé jusqu'aux os par le froid qui sévissait dans ces appartements de Lisbonne sans chauffage, et par la solitude, l'absence d'un autre corps contre le sien.

Rien de tout cela ne l'inquiétait outre mesure. La vérité, c'est qu'il n'avait qu'une idée en tête, une seule obsession. Cette obsession portait un nom : Luís Stockman. Après sa première nuit dans son nouveau logement, il rassembla son courage et, dans la matinée, se décida à écouter le disque. Il y avait un vieil appareil dans l'appartement, à côté d'une étagère sur laquelle se trouvait un seul livre – les œuvres complètes de Jorge Luis Borges en anglais –, et c'est sur cet appareil que Hugo passa, une première fois, puis une deuxième, l'unique album du pianiste.

Il reconnut certains des thèmes qu'il avait entendus au concert avec Elsa. Il songea, en écoutant les premiers accords de chaque plage qu'il reconnaissait, qu'il n'avait plus jamais donné de nouvelles à l'actrice polonaise : il ne lui avait ni écrit ni téléphoné, ne l'avait pas remerciée pour la soirée, et ne lui avait même pas demandé combien il lui devait pour le billet. Était-il trop tard ? Était-il stupide au point de se laisser vaincre par une mélodie et de ne pas voir qu'Elsa était une femme gentille et disponible, et qu'elle n'attendait probablement de lui que la même gentillesse et la même disponibilité ? Honteux, il tâchait d'oublier le sujet ; mais celui-ci revenait chaque fois que des petits haut-parleurs s'élevaient les notes impeccables de Stockman. L'émotion était différente, évidemment : il était impossible qu'un disque rende parfaitement le style plein de passion du pianiste quand il jouait en *live*, ce qui le rendait triste et heureux à la fois. Triste, car il comprenait que la musique n'était pas comme les autres formes d'expression, comme l'écriture ou la peinture : une fois son œuvre achevée, que ce soit sur des pages ou sur une toile, l'artiste ne peut plus intervenir. C'est le lecteur qui crée et recrée l'œuvre littéraire à chaque nouvelle lecture ; c'est l'observateur qui crée et recrée l'œuvre picturale à chaque nouveau regard. La musique, en revanche, est très difficile à fixer sur un support permettant ne serait-ce que d'approcher sa forme première. L'enregistrement sous forme numérique n'est rien d'autre qu'un lointain écho de ce qui est réellement joué au moment où les mains accomplissent leur travail. Ainsi, on perd plus que ce qui est tolérable et, chaque fois qu'on écoute un disque, l'absence physique de l'artiste implique l'annulation de ce moment original où les doigts atteignent la perfection. Dans un monde idéal, songea Hugo, tout en mesurant l'absurdité d'une telle idée, chaque fois qu'on voudrait écouter un disque, il faudrait que l'artiste le joue pour nous, en chair et en os. Mais, d'un autre côté, cette impossibilité était plutôt réjouissante dans la mesure où, lorsqu'il l'écoutait, couché sur le lit, le plafond un mètre au-dessus de sa tête, la fascination que Stockman pouvait exercer se dissipait ; le pianiste n'était plus, d'une certaine façon, qu'un simple interprète ; et des interprètes, il en connaissait des centaines. Pour les compositions, cependant

– Stockman était l'auteur de sept des dix thèmes –, c'était une autre histoire. Ce type avait un talent fou. Hugo, dévoré de jalousie, était obligé de le reconnaître. Un talent hors du commun, profond, le vrai talent, celui qui dérange et inquiète. Il était stupéfiant qu'en jouant cette musique tantôt mélodieuse, tantôt chaotique, souvent dissonante, Stockman ait pu se hisser dans les meilleures ventes. Il était d'une imagination prodigieuse.

L'imagination d'un voleur, pensa Hugo.

Il passa le disque trois fois dans la matinée. Deux fois l'après-midi. Il n'y avait rien qui ressemblât à *Dulcineia*. Rien de rien. Aucune progression en *do* dièse rappelant même vaguement la mélodie que Hugo avait entendue pendant le concert, claire comme de l'eau de roche. Sa frustration fut telle que, au milieu de l'après-midi, il voulut vérifier s'il n'y avait pas un second disque dissimulé à l'intérieur du boîtier. Il brisa l'emballage en plastique et en jeta les morceaux par terre. Il fit avancer le lecteur jusqu'à la dernière seconde de la dernière plage du CD pour déceler un titre caché. Il commença à envisager la possibilité d'être devenu fou, pendant quelques secondes, lors du concert. En réalité, le pianiste n'aurait jamais rien joué de semblable à l'œuvre qui était la sienne, dont il travaillait la composition depuis si longtemps ; il aurait joué tout autre chose, peut-être une autre mélodie, en *do* dièse elle aussi, et cette première note aurait suffi pour perturber son esprit erratique, et lui faire prendre des vessies pour des lanternes.

Cette hypothèse était pourtant ridicule. Elsa lui avait confirmé qu'elle non plus ne connaissait pas cette mélodie. Elle le lui avait dit *pendant* le concert, à l'endroit et au moment où il avait lieu. Comment serait-il possible qu'un homme ait traversé une crise de folie, puis repris pied dans le réel en étant conscient de chaque détail de son accès de folie temporaire ? La folie n'était-elle pas un état sans rémission, ou, à tout le moins, un état dont on ne pouvait prendre soi-même la mesure ? Il ne se sentait pas fou ; il ne se considérait pas comme un fou, au contraire : il avait le sentiment qu'une chose importante allait survenir, qu'une découverte vertigineuse l'attendait. Mais on peut aussi imaginer qu'un individu glissant progressivement vers la folie persiste dans l'idée qu'il est sain d'esprit. Il réfléchissait à tout cela en tournant en rond dans son petit appartement, observé attentivement par un pigeon déplumé battant des ailes sur le rebord de la fenêtre, qui voyait peut-être en lui un être humain bien trop agité, voire un déséquilibré.

La femme qui lui tendit les baguettes ne faisait pas son âge. C'est du moins ce que tout le monde lui disait, notamment la stagiaire qui venait d'entrer, avec un bras cassé, pour déposer leur déjeuner sur la table de travail : deux petits plateaux en plastique garnis de sushis élégamment disposés. Dans la lumière de cette journée hivernale, la mère de Hugo ne lui semblait pas avoir beaucoup moins que son âge. Ses soixante-trois ans – soixante-quatre, ou soixante-deux ? – étaient visibles, sinon sur son visage apprêté, du moins sur le dos de ses mains où, autour de veines saillantes et sombres, somnolaient des dizaines de petites taches marron, preuve irréfutable du déclin en cours.

"Une année sabbatique, dit sa mère.

— Oui, une année sabbatique", répéta-t-il.

La stagiaire demanda s'ils désiraient autre chose. La mère de Hugo lui adressa un sourire inexpressif et la fille sortit discrètement, en manœuvrant la lourde porte du bureau avec son bras plâtré.

"Une année sabbatique dans une vie sabbatique", murmura la mère, comme si elle parlait pour elle-même, en sachant qu'il l'entendait parfaitement. Hugo respira profondément et décida de se concentrer sur la nourriture. "Pourquoi tu ne dis pas clairement « une année à se la couler douce » ?" Hugo avait attrapé un sushi au saumon avec ses baguettes. Il le reposa. Pendant quelques secondes, il crut qu'il allait vomir : la nausée se manifestait souvent à cette heure-là quand, encore à jeun, son estomac se préparait pour le premier repas de la journée. Il se maîtrisa et fixa le visage dur et grave de sa mère.

"Tu as vraiment mauvaise mine, lui lança-t-elle.

— Je dors mal en ce moment.

— Toujours la même vie ?

— C'est-à-dire, la même vie ?"

Sa mère haussa les épaules en mâchant un sashimi.

"Les bars, l'alcool, répondit-elle, la bouche pleine. Une vie d'adolescent, quoi.

— J'ai passé la quarantaine. Je ne crois pas qu'*adolescent* soit le mot qui convienne."

Sa mère éclata de rire et, portant sa main à la bouche, évita de justesse qu'un bout d'algue ne tombe de ses lèvres peintes d'un rouge très sombre.

"Eh bien moi, je trouve qu'il convient parfaitement, insista-t-elle.

— Ça te fait rire ?

— Que tu viennes me demander de l'argent ? Pas vraiment. Ce qui me fait rire, c'est que, tout à coup, tu veuilles donner une image différente de toi-même."

À cet instant, alors qu'il avalait enfin son sushi au saumon – tiède à présent, car il faisait beaucoup trop chaud dans ce bureau –, Hugo eut envie de se lever, de balancer par terre tout ce qu'il y avait sur la table et de foutre le camp pour ne plus jamais revenir. Le problème, c'est qu'il ne pouvait pas se le permettre. S'il avait fui Montréal, c'était, entre autres, à cause d'une dette ; le peu d'argent qu'il avait rapporté était bloqué pour la caution et la location de son appartement. Il se voyait donc contraint de faire appel à cette femme avec qui il avait eu de sérieux problèmes par le passé, sans parler des longues périodes de rupture totale. Sa mère s'était toujours opposée à sa vie d'errance ; et, comme s'il avait voulu contrarier le pouvoir maternel qui l'avait maintenu sous son joug jusqu'à l'âge adulte, Hugo s'était révolté plusieurs fois, cherchant à fuir une existence qui lui semblait alors triviale et sans relief : l'existence de Julia et Franco, celle de ses amis de lycée – qu'il avait perdus de vue depuis longtemps et qui, aujourd'hui, cela ne faisait aucun doute, devaient être de bonnes bêtes domestiquées par le temps. Cependant, maintenant qu'il avait dépassé les quarante ans sans rien posséder – si ce n'est un instrument plus grand qu'un homme et plus âgé que son arrière-grand-père –, il se retrouvait dans la position de l'indigent, du pauvre hère qui vient déjeuner avec sa maman, sans avoir réussi à cacher, au moment où il l'avait appelée au téléphone, qu'il avait *besoin* de son aide. Ils ne s'étaient pas vus depuis trois ans – la dernière fois, Mateus venait de fêter ses deux ans et Hugo avait fait un passage éclair à Lisbonne, soi-disant pour faire la connaissance de son neveu. Il était resté trois jours, mais sa vraie destination était Oslo, où la chanteuse scandinave avec qui il avait l'habitude de jouer au Upstairs l'avait invité à passer une semaine.

Hugo jeta un œil sur le mur derrière sa mère, où se trouvaient affichées des repros des unes du magazine dont elle était l'éditrice depuis plus de quinze ans. C'était une revue de déco pour femmes mûres, chez qui persistait l'espoir, pensait Hugo, qu'un changement de mobilier puisse avoir quelque influence sur leur existence qui touchait inexorablement à sa fin.

"Je ne te demande pas une fortune, lui opposa Hugo. J'ai juste besoin d'un peu d'argent pour me relancer, c'est tout. Je te promets de te rembourser.

— Mais comment comptes-tu me rembourser ?" Sa mère le défia du regard en buvant une gorgée de la petite bouteille de saké qui accompagnait le repas.

"Je trouverai un boulot. Et je compose.

— Tu composes ? Tu composes quoi ?"

Hugo prit un morceau de sushi, mâcha ; il n'était plus assez frais et il avait un goût trop sucré, peut-être l'avait-il trop trempé dans la sauce de soja.

"Tu es sûre que c'est bon, ce truc ? demanda-t-il à sa mère.

— C'est délicieux. C'est du sushi fusion.

— Fusion nucléaire.

— Ne détourne pas la conversation, répliqua sa mère avec sa voix de maîtresse femme et ce ton que Hugo lui connaissait depuis toujours, un ton qui, lorsqu'il était enfant, le faisait sursauter et l'angoissait.

— Je compose de la musique. C'est mon métier, après tout.

— Je me demande si ce n'est pas plus une lubie qu'un métier, grinça-t-elle. Enfin, bref. Tu prends une année sabbatique pour composer. Comment comptes-tu payer ton loyer avec ça ?

— Entre-temps, je me trouve un petit boulot, n'importe quoi. Je paie un loyer dérisoire. Je n'ai pas besoin de beaucoup pour vivre.

— Mais tu n'es pas musicien ? Je veux dire, pourquoi tu ne te trouves pas un travail dans un groupe, ou une formation, enfin comment on dit pour ceux qui font du jazz ?

— Je ne suis pas en état de jouer. Du moins, pas pour l'instant.

— Tu arrives à composer mais pas à jouer ? C'est quoi la différence ?"

Hugo avala avec peine ; il avait toujours en bouche le goût sucré du poisson, auquel se mêlait l'amertume de la mélancolie. *Mélancolie*, c'était le mot parfait pour décrire ce qu'il ressentait ces jours-là : un sentiment de perte sans cause définie ; il avait encore une famille ; il avait encore un avenir devant lui ; il était encore vivant ; et, pourtant, chaque jour, loin désormais de la furie et des excès de ces dernières années, alors qu'il avait cru que son retour serait un moyen d'en finir avec son désarroi face aux choses, chaque jour qu'il passait en restant *sobre*, il se persuadait un peu plus que certaines personnes n'étaient pas faites pour affronter le monde tel qu'il était : certaines personnes ne pouvaient le supporter qu'en le déformant, en le brouillant, en l'observant depuis l'autre côté d'un miroir.

"Je présume que Julia t'aura un peu raconté ma dernière période là-bas.

— Quel rapport ? demanda sa mère.

— Je n'arrive plus à jouer en ce moment.

— Ce qu'elle m'a dit, c'est que tu ne traînais pas avec les bonnes personnes.

— Elle t'a dit ça ?

— Ou quelque chose d'approchant.

— Je traînais avec les mêmes personnes que d'habitude. Seulement, c'est vrai que je me suis mis à boire un peu trop. Ça a commencé il y a quelques années. Et puis ça s'est aggravé."

Sa mère posa ses baguettes sur le plateau-repas improvisé et agita sa main gauche, ce qui fit tinter ses bracelets.

"Je ne veux pas le savoir", dit-elle, irritée. Hugo en était conscient, le sujet était délicat : son père avait eu exactement les mêmes problèmes avec la boisson. "Bon. Mais qu'est-ce que tu composes ?

— Un thème. Ça fait déjà longtemps que je travaille dessus." Puis, prenant son courage à deux mains : "L'autre jour, il m'est arrivé une chose très étrange. Je suis allé voir un pianiste en concert au Colisée.

— Qui ça ?

— Luís Stockman."

Sa mère s'arrêta aussitôt de mâcher son dernier sushi. Elle sembla, pendant quelques secondes, être en train de réfléchir à ce nom.

"Stockman, finit-elle par répéter. J'adore. On adore, ici, au magazine. On a fait un papier sur lui dans notre numéro de décembre. Tu l'as rencontré ?

— Pas du tout.

— Et alors, qu'est-ce qui t'est arrivé de si étrange ?"

Hugo repoussa son plateau et recula contre le dossier sa chaise, hésitant. Il n'était pas évident de raconter cet épisode pour le moins saugrenu. Surtout, il n'était pas sûr d'avoir envie de le raconter à sa mère, qu'il n'avait pas vue depuis trois ans et qui, par-dessus le marché, mangeait des sushis et adorait Stockman. Elle cria le nom de la stagiaire, qui accourut, récupéra les deux plateaux en les tenant en appui sur son plâtre et sortit en silence.

"Stockman a joué mon thème pendant le concert.

— Ton thème ?

— Oui.

— Tu as écrit un thème pour lui ? Je ne comprends pas. Vous vous connaissez ? Toi et Stockman ?

— Non. C'est là qu'est le problème, justement."

Elle sembla troublée, se redressa sur sa chaise.

"Qu'est-ce que tu veux dire au juste ?

— La composition sur laquelle je travaille ces derniers temps. Il l'a jouée, à la note près. Exactement la même. Pendant le concert. Comme s'il l'avait écrite lui-même."

Sa mère fronça les sourcils et vida le reste de saké dans son petit verre en porcelaine blanche.

"Attends, tu vas me dire si j'ai bien saisi. Tu es en train de m'expliquer que Luís Stockman t'a volé cette composition ?"

Hugo haussa les épaules, conscient que tout cela pouvait paraître complètement délirant.

"Peut-être. Je ne sais pas. Dans ce monde tout est possible, même à distance. Il y a Internet, les mails. Les téléphones. Il y a des satellites dans l'espace capables de capter tous nos mouvements."

Sa mère en resta interdite. À son tour, elle recula contre le dossier de sa chaise.

"C'est extraordinaire, lâcha-t-elle.

— Quoi ?

— Que quelqu'un comme Stockman, un pianiste à succès, et pas seulement ici, partout où il joue, ait besoin de te plagier, toi qui es un parfait inconnu."

Hugo soupira, passa le bout des doigts sur son front. Il était en sueur ; la chaleur presque insupportable du bureau lui donnait le tournis.

"Tu déformes mes paroles. Pour changer. Ce que j'ai dit, c'est qu'il avait joué mon thème. Comment ça se fait, ça, je n'en ai pas la moindre idée.

— Et ce morceau, tu l'as enregistré ?

— Non. Il n'est pas encore fini.

— Comment expliques-tu alors qu'il ait pu mettre la main dessus ? Télépathie ? Transmission d'informations secrètes ?" Elle se pencha en avant, d'un air moqueur. "Tu penses qu'on t'espionne ?"

Hugo eut envie de se lever et de gifler cette femme. De balancer son bras en arrière et, d'un large mouvement circulaire, avec le plus grand mépris, de laisser sur son visage l'empreinte de sa main. Puis il se rappela ce qui l'avait amené jusque-là et parvint à se contenir.

"Je n'en ai pas la moindre idée", répondit-il. Puis, avec ironie : "Qui sait, on pense peut-être de la même manière. On a peut-être deux âmes jumelles.

— Écoute, tu as déjà eu une âme jumelle, rétorqua-t-elle. Et ça ne s'est pas très bien terminé. Apparemment, Dieu a préféré que vous ne soyez pas deux comme toi sur cette terre."

Après ce commentaire cruel de sa mère – du reste, on voyait dans ses yeux, à son visage légèrement rougi, qu'elle n'était pas très fière de ce qu'elle venait de dire –, Hugo repensa qu'un jour, il y a bien longtemps, dans un passé inatteignable, il avait eu un vrai jumeau, d'abord pendant la grossesse, puis pendant quelques heures de vie. Ils étaient nés à trois :

Julia, lui et un autre, parfaitement identique à lui, sa réplique exacte. Au bout de six heures, malgré les efforts des médecins, son vrai jumeau était mort. Il avait réussi à respirer, à vivre en ce monde, à *exister* ; mais, très vite, les fonctions vitales avaient été atteintes, très vite son corps fripé et infirme avait capitulé devant cette évidence qu'une triple grossesse n'était possible que dans des conditions très particulières ; que c'était un phénomène rare (un cas sur un million) et que leur mère, méconnaissant l'existence d'un troisième fœtus, avait probablement ignoré ses besoins. Son organisme en avait reconnu deux, pas trois.

C'est en ces termes que Hugo pensait à cet épisode, qui ne lui revenait que rarement en mémoire. Les moyens technologiques de l'époque ne permettaient pas de détecter un fœtus caché ; prévenue qu'elle aurait des jumeaux, la mère avait établi, même involontairement, un plan organique pour les nourrir et laissé le troisième – son vrai jumeau, son alter ego –, caché derrière lui dans le même ovule, se faire écraser par Hugo, le plus fort des deux, le favori, le mieux alimenté, le survivant. D'une certaine façon, il avait survécu à lui-même. Si, vraiment, ils n'avaient fait qu'un, songeait-il maintenant, avec une certaine horreur, tandis que sa mère allumait une cigarette, alors ni l'un ni l'autre n'était tout à fait mort ni tout à fait vivant : en vérité, une moitié de lui était morte à la naissance, une autre moitié avait survécu.

Il lui vint à l'esprit qu'il était donc incomplet, qu'il lui manquait une partie de lui-même.

“Je vais te prêter de l'argent, lui dit sa mère en éteignant sa cigarette dès la troisième bouffée. Mais j'aimerais que tu ailles voir quelqu'un.

— Qui ça ?
— Une amie. Elle s'appelle Anabela. Je t'avouerai qu'au départ moi non plus je n'y croyais pas. Mais c'est elle qui a réussi à me faire arrêter la cigarette."

Hugo, incrédule, regarda le mégot encore fumant que sa mère venait d'écraser dans le cendrier.

"Ça ? s'exclama-t-elle, d'un ton péremptoire. Le *vestige* d'un temps révolu, comme l'appelle Anabela. Ça arrive. C'est inutile de lutter contre ça. Je fumais quasiment deux paquets par jour, si tu te rappelles, et maintenant une petite cigarette de temps en temps. C'est tout.
— Et que fait cette miraculeuse Anabela ?
— De l'hypnose.
— Tu plaisantes ?"

Elle ouvrit son sac à main et en sortit son chéquier.

"Je vais te faire un virement. Mais ce chèque, c'est pour Anabela. Je te mets son téléphone au dos. Va la voir, ça ne te coûte rien."

Va la voir. Encore un ordre, songea Hugo. Elle lui parlait comme elle l'avait fait pendant quarante-trois ans, avec ce même mélange d'autoritarisme et de pétulance auquel il s'était habitué depuis l'adolescence. À l'époque, foncièrement incapable de discuter ses injonctions, il faisait de mauvaise grâce tout ce qu'elle lui demandait avec le soutien infaillible de Julia, qui ressemblait plutôt à sa mère, appréciait l'ordre comme elle, mais faisait l'objet d'une bien moindre attention.

"Je ne cherche pas à arrêter de fumer, moi.
— Ce n'est pas de ça que je te parle, répondit-elle en faisant glisser le chèque de son côté avec deux doigts aux ongles couverts d'un vernis rouge. Je te parle de ces manies, de ces obsessions. Tu en

as toujours eu. Aujourd'hui, c'est ce pauvre Stockman, demain ce sera Tartempion, le président de la République ou je ne sais qui. Il faut que tu prennes soin de toi.

— Donc, ce que tu me suggères, c'est de me faire hypnotiser par une dénommée Anabela, pour préserver la sécurité du président ?

— Tu peux voir les choses comme ça."

Hugo se leva et rangea le chèque dans la poche intérieure de sa veste. En lui-même, il écumait de rage et d'impuissance. Mais il sourit du mieux qu'il put et, après avoir contourné la table, il embrassa sèchement sa mère et s'en alla. La stagiaire sursauta, apeurée, quand il sortit en claquant la porte du bureau.

Les jours passèrent. La pluie céda la place à un timide soleil qui brillait sur le fleuve le matin, mais se cachait bientôt derrière un plafond nuageux qui recouvrait progressivement la ville d'une couleur de plomb. En mars, en fin d'après-midi, Hugo se trouvait le plus souvent dans son appartement, rua dos Correeiros, miné par la frustration. Il faisait chaud sous les toits ; contrebasse à la main, Nutella se balançant doucement sur sa pique, stratégiquement positionnée entre deux lattes du parquet, il s'efforçait de terminer *Dulcineia*. La fin, cependant, lui semblait s'éloigner chaque jour un peu plus : il connaissait par cœur le début, il avait joué des centaines de fois la mélodie et la base harmonique ; il avait cette composition dans le sang, elle lui était presque aussi familière que ses propres doigts, avec lesquels il pressait les grosses cordes contre le manche de l'instrument. Et, pourtant, c'était comme s'il était incapable de combler cet espace vierge que Stockman, lui, avait si bien su compléter le soir du concert. C'était comme s'il essayait de tracer un triangle à seulement deux côtés, une figure inachevée et, en même temps, impossible à terminer. Sa frustration se mua peu à peu en rage : il savait que la solution pour *Dulcineia* était à portée de main, comme au coin de la rue. Mais cette rue était perdue quelque part, dans une zone inconnue, un univers éloigné. Il s'en voulait à présent de ne pas avoir été assez attentif, quand Stockman avait joué son thème, à la forme qu'il lui avait donnée, en apportant une touche de génie à une œuvre d'une simplicité trompeuse. Il s'en voulut d'avoir laissé ses réactions instinctives – l'incrédulité, la stupéfaction, l'indignation – prendre le dessus sur ce qui, en lui, aurait dû garantir sa survie. Sa survie, son travail ; son art.

Il avait essayé à plusieurs reprises de recommencer à partir du début. La progression en *do* dièse était très claire, après le changement pour l'accord mineur ; mais le thème semblait manquer d'une touche finale, d'un dénouement pour clore parfaitement cette demi-boucle de croches, de doubles croches et de noires. Il en vint à penser, à un certain stade, qu'il lui manquait l'éclair d'inspiration, le moment d'épiphanie qui distinguait toujours une œuvre acceptable d'un chef-d'œuvre.

Il lui manquait tout simplement, conclut-il, le génie de Stockman.

D'un coup de pied, il envoya valdinguer le pupitre sur lequel la partition était posée. Il regarda les pages voler, légères comme des plumes, et s'éparpiller sur le sol obscur, couvertes de notes griffonnées au crayon, les unes par-dessus les autres, perdues dans un méli-mélo de sons. Il posa sa contrebasse à l'horizontale et alla jusqu'à la fenêtre. Au loin, près du fleuve, une grue jaune s'activait depuis des jours, sans répit. À cette distance, les ouvriers avaient l'air de personnages en pâte à modeler ; il n'arrivait pas à voir ce qu'ils étaient en train de construire. Il distinguait seulement la partie supérieure de la grue qui oscillait, manœuvrait.

Il s'en voulut d'essayer d'imiter Stockman – si, au bout du compte, ce n'était pas Stockman qui l'avait imité, lui. Le mystère, en cette fin d'après-midi, lui semblait insoluble. Par quels fils étaient-ils reliés, pourquoi cette déveine d'avoir le même élan créateur – ce qui était aussi impossible que d'avoir les mêmes empreintes digitales – qu'un homme qu'il n'avait jamais rencontré et qui, dans toutes les disciplines, le battait à plate couture dans le championnat de la vie ? Et pourquoi diable était-il à présent incapable de s'empêcher de penser à lui, à cet *autre* qui lui ressemblait tellement qu'une femme les avait confondus dans un magasin ? Une ressemblance telle, physique et artistique, qu'ils auraient pu être de vrais jumeaux, même si l'un des deux, choyé pendant la gestation, mieux nourri dans le placenta, était devenu plus beau, l'élu, celui à qui le sort avait réservé génie, gloire et fortune.

La question absurde à laquelle il aboutit, tandis que les mouettes survolaient une ville liquéfiée et qu'il sentait l'air frais du début de soirée balayer la rue, fut la suivante : *Qui suis-je ?* Méritait-il d'être vivant au détriment d'un autre, pareil à lui, qui était mort pour le laisser exister ? Et, dans ce cas, pour quelle raison un troisième larron, un dénommé Stockman, alors même qu'ils ne se connaissaient pas, partageait-il avec lui quelque chose d'aussi intransmissible ? Sauf, comme il l'avait dit à sa mère, s'ils partageaient également une même constitution génétique.

La deuxième semaine de mars, Hugo rencontra Dulcineia et Mateus. Il se promenait dans le jardin à côté de l'école du petit dans l'espoir, avec un peu de chance, de tomber sur eux sans avoir l'air de chercher à les rencontrer. Ou plutôt : la rencontrer. Mateus lui manquait, certes ; mais, à vrai dire, son neveu provoquait chez lui une montée d'angoisse imméritée, car il lui rappelait Julia, qui à son tour lui rappelait Franco ; or, son beau-frère était comme le représentant d'une instance puissante et dominatrice qui le jugeait, en empoignant le sceptre de la moralité. Il était assis sur un banc quand, au beau milieu des bras et des jambes des mères de famille et des bonnes chargées d'aller chercher les enfants, il les vit passer. Il se leva d'un bond, avec une telle impatience qu'on pouvait difficilement croire à une coïncidence. Un peu gêné, il se dirigea vers Mateus qui, ne s'étant pas encore rendu compte de la présence de son oncle, tirait Dulcineia par la main vers un toboggan au milieu de la pelouse.

"Hugo", s'exclama Dulcineia.

Pas de *monsieur* ni de déférence particulière. Elle le gratifia d'un large sourire, dévoilant des dents si petites qu'on aurait dit des dents de lait. Hugo prit son neveu dans ses bras – il remarqua qu'il était plus lourd que la dernière fois. Mateus le serra dans ses bras et lui colla un bisou mouillé sur la joue. Ils allèrent s'asseoir sur un autre banc, près du toboggan. Mateus se mit dans la file pour monter à l'échelle.

Discipliné, il enchaîna les descentes, atterrissant dans l'herbe après avoir fusé le long de la surface métallique, sur laquelle on voyait se refléter les nuages. Hugo et Dulcineia restèrent un moment sans rien dire, assis côte à côte, à observer le garçon en train de jouer avec les autres gamins, pareils à un vieux couple. Un couple dont la conversation comme les souvenirs commençaient à s'étioler doucement, aussi doucement que l'oubli s'installe avec l'âge. Quand Dulcineia l'interrogea sur son travail, Hugo changea immédiatement de sujet et demanda des nouvelles de Julia.

"Elle va bien, je crois. Elle a ralenti le rythme, avec la grossesse, tout ça." Hugo prit un air ébahi qui surprit Dulcineia. "Vous ne saviez pas ?" Elle mit sa main devant sa bouche, comme coupable d'un grave méfait. "Vous auriez dû l'apprendre par votre sœur, je m'excuse.

— Ne vous excusez pas, protesta Hugo. Je suis heureux pour elle. Et pour Mateus qui va avoir un petit frère. Ou une petite sœur.

— Elle voudrait avoir une fille.

— Ce serait bien, dit Hugo. Une fille et un garçon."

Mateus vint les rejoindre, essoufflé, des taches d'herbe et de terre sur les habits. Il se coucha sur les genoux de Hugo, qui se mit à lui caresser les cheveux – il avait le crâne trempé de sueur.

"Quand est-ce que tu reviens à la maison ? demanda Mateus.

— Je vais venir vous voir bientôt.

— Je vais avoir un petit frère.

— Je sais, dit Hugo. Et que dirais-tu d'une petite sœur ?

— Non, je veux un petit frère”, insista Mateus. Il se jeta sur son cartable que tenait Dulcineia ; elle l’arrêta gentiment, en sortit une brique de jus d’orange et la donna au petit, qui en aspira illico le contenu avec sa paille. Puis Mateus aplatit la brique, et du jus d’orange gicla sur le pantalon de Hugo.

“Oh ! Je suis désolée”, dit Dulcineia.

Hugo sourit.

“C’est pas grave. Pas grave du tout.” Il accepta la brique que Mateus lui laissa en cadeau et, tandis que le gamin tournait déjà les talons pour filer vers le toboggan, il comprima la brique encore plus fort : une nouvelle giclée atterrit cette fois sur sa chemise.

“Mais quelle idée ! Vous vous en êtes mis partout.”

Dulcineia rouvrit le cartable, en sortit une serviette en papier colorée, puis glissa deux doigts à l’intérieur de la chemise et commença à frotter. Hugo ferma les yeux une seconde et respira profondément. Les cheveux de Dulcineia se trouvaient tout près de son visage. Il eut envie de les caresser ou, au moins, d’y poser doucement ses lèvres.

“Vous savez quoi ? commença Hugo pendant que Dulcineia rangeait la serviette. Cette mélodie que j’étais en train de composer. Vous vous souvenez ?

— Oui. C’était beau.

— Elle porte votre nom.

— Mon nom ?

— Oui. Elle s’appelle *Dulcineia*.”

Elle sourit et rougit. Ils restèrent les yeux dans les yeux pendant un instant, troublés.

“Mais quelqu’un me l’a volée. En tout cas, j’en ai bien l’impression. Ce n’est peut-être pas la conclusion la plus logique, mais c’est la seule possible. Parce que la conclusion logique est bien trop effrayante pour que je puisse l'admettre." Dulcineia le fixait, les yeux écarquillés ; elle semblait ne pas comprendre ce qu'il racontait. "Et ça, c'est le peu que je sais. Peut-être qu'il existe un lien secret entre tous les êtres qui vivent sur cette terre et que l'originalité n'est qu'une illusion. À moins que ce ne soit le contraire. Peut-être est-il possible que deux personnes aient les mêmes empreintes digitales. Peut-être est-il possible que se produise une coïncidence aussi imprévisible, aussi inimaginable. Une coïncidence telle que, si on en avait connaissance, on perdrait une fois pour toutes notre identité. Un peu comme si deux personnes gagnaient au loto avec le même numéro. Un truc dans le genre."

La jeune femme regarda un instant en direction de Mateus. Voyant qu'il s'amusait avec un autre enfant à arracher et à s'échanger des touffes d'herbe, elle s'approcha un peu de Hugo et passa sa main sur son épaule pour le réconforter affectueusement.

"Vous en êtes sûr ? Qu'on vous l'a volée ?

— Vous ne me croyez pas ?

— Si, je vous crois", assura-t-elle. Hugo vit dans les yeux pleins de douceur de Dulcineia qu'elle disait vrai.

"Merci.

— Vous devriez peut-être aller voir la police."

Il sourit. "La police se fiche bien de ces choses-là.

— Mais on vous a volé ce qui était à vous. Ce n'est pas juste.

— Rien n'est juste. Il n'y a pas de justice.

— En plus, on vous a volé quelque chose qui portait mon nom."

Il observa Dulcineia et vit qu'elle souriait légèrement ; un sourire tout juste esquissé, presque indécelable. Peu après, Mateus revint, des brins d'herbe dans les cheveux, les mains pleines de terre. Il était l'heure de rentrer.

C'est avec Édouard, son premier professeur, que Hugo avait appris les rudiments de la musique. À l'époque, son ami n'était pas encore marié ; du reste, il n'était pas encore son ami. Il avait fait sa connaissance par l'intermédiaire de son colocataire, un étudiant de l'université McGill, qui lui recommanda vivement d'apprendre le solfège avec un professeur de musique, avant de s'aventurer à jouer de la contrebasse. Après avoir assisté aux concerts de Charlie Haden, Hugo n'eut qu'une idée en tête : jouer de cet instrument à tout prix. Mais ce qu'il avait appris avec la guitare ne lui serait d'aucune utilité, lui assura l'étudiant.

"La contrebasse, c'est la base d'un groupe, lui dit-il. Soit tu en joues facilement, soit tu n'en joues pas du tout. Si tu veux en jouer facilement, tu dois apprendre la musique. Pour commencer."

Édouard vivait dans une petite maison, boulevard Saint-Joseph, non loin du parc Sir-Wilfrid-Laurier. Pendant le printemps et l'été, il lui donnait des cours sur une table du parc, sous les platanes ; en hiver, ils se repliaient dans le garage d'Édouard, vaguement aménagé en studio avec un piano, plusieurs guitares et un chien répondant au nom de Simon. De temps en temps, il venait lécher les pieds de son maître pendant que celui-ci, au piano, apprenait à Hugo les gammes et les accords. Hugo savait maintenant qu'il était heureux à l'époque. Il n'avait pas besoin de grand-chose : il vivait dans un appartement bon marché à Concordia ; il s'était fait quelques amis, pas trop, juste assez pour ne pas se sentir complètement seul dans une ville où la majorité des gens parlait une langue qu'il ne maîtrisait pas ; parfois, dans un bar ou lors d'un concert, il rencontrait une fille et passait la nuit avec elle, surtout dans ces périodes de l'année où, la neige et le froid s'abattant sur la ville, les rues se retrouvant bloquées et les canalisations gelées, les êtres humains cherchaient volontiers à se réconforter auprès d'un autre corps. Et, petit à petit, avec obstination, il voulait croire qu'un jour viendrait où il jouerait avec Édouard et les musiciens qui l'accompagnaient.

Peut-être son corps avait-il besoin de moins de choses alors. Ou peut-être était-ce précisément ça, la jeunesse : l'impression illusoire de maîtriser les désirs de son corps. Quand on est jeune, on peut étudier, se montrer patient, peiner, vivre dans des conditions que la plupart des gens trouveraient difficiles, faire des sacrifices, aimer sans retenue, rester sans aimer pendant très longtemps, tout faire tout seul. Avec l'âge, avait découvert Hugo, l'homme ne devient pas moins exigeant ou plus patient ; bien au contraire, ses exigences s'exacerbent et sa patience s'amenuise. Peut-être fallait-il prendre au sérieux cette théorie : chaque année, à mesure que l'on vieillit, représente un pourcentage de plus en plus réduit de notre existence. Mateus avait cinq ans ; sa cinquième année représentait vingt pour cent de tout ce qu'il connaissait. Pour quelqu'un de quarante-trois ans, ce pourcentage chutait sensiblement. D'un côté, cela incitait à relativiser l'importance de chaque chose ; mais cela signifiait également que, tôt ou tard, on cesserait de calculer des pourcentages : la fin arriverait, retentissante, irrémédiable. C'était cela, la conscience de la mort, au bout du compte : un nombre que l'on divisait jusqu'à ce qu'il n'en reste plus rien. C'était cela dont un adulte prenait peu à peu conscience et qui le poussait sans cesse à vouloir atteindre ce qui était pourtant hors de portée, incompréhensible. Cela encore qui faisait que son corps cessait de lui obéir : si, à un âge avancé, surviennent l'impuissance, l'incontinence, l'incapacité à maîtriser ses nerfs, surviennent en même temps la tyrannie des obsessions, l'exacerbation des phobies, l'incapacité à vivre sans avenir. La tyrannie des fourmillements qui plongent l'homme dans une inquiétude constante, un état pathologique permanent.

Donc, son corps avait alors moins de besoins. C'est ce qui lui permit, à trente ans, d'apprendre la musique. Quand il commença à jouer sur sa première contrebasse – un modèle pour débutant, fabriqué en Roumanie –, l'inconfort initial, provoqué par l'exigence physique de l'instrument, céda très vite la place à la joie intense, malgré les douleurs, de jouer ses premiers thèmes avec le professeur dont il était devenu l'ami et qui l'accompagnait au piano. Il avait mal aux doigts, au poignet, au dos ; à chaque fin de répétition, il se précipitait dans le bar le plus proche pour avaler quelques bières au pouvoir anesthésiant, histoire d'apaiser les douleurs musculaires que lui valait son initiation.

Un jour, après un an et demi de cours, Édouard lui annonça qu'il était prêt. Prêt pour quoi ? lui demanda Hugo. Son ami lui répondit que, désormais, il ne pourrait plus rien lui apprendre. Il lui faudrait un professeur de contrebasse et chercher à se faire engager comme instrumentiste.

“Tu n'es pas encore musicien, lui dit Édouard. Tu joues d'un instrument, ce sont deux choses différentes. Ce qui te manque, c'est l'expérience.”

Il eut bien des occasions d'en acquérir. Montréal présentait cet avantage : il y avait en permanence une infinité de festivals et des centaines de bars proposant de la musique *live*. Jeune et confiant, Hugo n'eut pas de mal à s'introduire dans le milieu. Au début, son travail consista essentiellement à remplacer des musiciens qui, pour une raison ou pour une autre, ne pouvaient participer aux concerts. Ensuite, Édouard l'invita à rejoindre un groupe qui jouait chaque semaine sur une scène différente de la ville. Hugo emménagea dans un appartement plus proche des quartiers périphériques. Si, les premières années, la scène jazz était particulièrement vivante dans le centre-ville, par la suite ce cœur sembla éclater : il était fréquent qu'il ait la même semaine un concert à Westmount et un autre à Villeray. Il se trouva un petit studio près de la station Outremont. Il se trouva aussi une petite amie, avec qui il resta deux ans, mais leur relation fut une source constante de tensions et de malentendus. Il gagnait mal sa vie, travaillait à temps partiel dans un restaurant, dormait peu. Malgré tout, il était heureux : bien plus heureux qu'il ne l'aurait jamais imaginé, vu son âge et les circonstances. Cependant, et parce qu'on ne se rend compte de son bonheur que rétrospectivement – une fois qu'on l'a irrémédiablement laissé filer –, une insatisfaction ne tarda pas à venir le ronger : il ne se contenterait pas d'être un simple instrumentiste ; il voulait être un musicien à part entière.

Les paroles d'Édouard résonnèrent dans sa tête pendant des années, puis, un jour, il se mit à composer. Il se souvenait parfaitement du moment où la mélodie de *Dulcineia* – qui s'appelait alors *Composition nº 7* –, griffonnée sur un bout de papier jauni, couvert de taches de café, lui était venue à l'esprit. Il se trouvait dans le Vieux-Port de Montréal quand il entendit une fille chanter à une fenêtre. C'était la fin de l'automne et cette partie de la ville était déserte, car le vent glacé qui agitait violemment les bateaux près des pontons, et les soulevait de plusieurs centimètres au-dessus de l'eau, s'engouffrait ensuite dans les rues anciennes qu'il empruntait, les mains enfouies dans les poches d'un gros manteau qu'il n'aurait plus jamais l'occasion de remettre. Il était incapable de se rappeler ce qu'il faisait là ; il avait vaguement la sensation d'être ivre, ou du moins avait-il bu quelques verres pour se réchauffer le corps par cette journée de grand froid.

C'est entre les rues Saint-Paul et Saint-Sulpice qu'il entendit la voix de la fille. Il faisait presque nuit. Elle avait surgi de nulle part, comme un hurlement ou la plainte d'un fantôme au détour d'une rue. Hugo se figea ; il regarda autour de lui, il regarda au-dessus de lui. La voix chantait une mélodie qu'il n'était pas capable de distinguer clairement – il parvenait néanmoins à reconnaître quelque chose qui lui était familier dans cette suite de notes. C'était un vieil air, peut-être *La Mer* ou *Clair de lune*. Dans une sorte de ravissement jamais éprouvé jusqu'alors, il se mit à élaborer dans sa tête une autre mélodie, une mélodie à lui : la *Composition n° 7*, mais la première qui ait un sens, n'appartienne qu'à lui et soit parfaitement originale – c'était du moins ce qu'il pensait –, la première à n'être pas constituée de bouts d'autres thèmes ni trop influencée par tel ou tel compositeur. En son for intérieur, tandis qu'il voyait surgir les notes comme autant de couleurs, tandis qu'il sifflotait lentement, avec prudence (un homme assistant à un accouchement), il sut que c'était le moment qu'il attendait depuis si longtemps. Et ce moment survenait dans le plus improbable des endroits, loin de son studio et de sa contrebasse : par surprise, après avoir entendu une fille (quel âge pouvait-elle avoir ?) chantonner une vieille ritournelle française. Au coin de cette rue, Hugo se découvrit une autre vocation, à laquelle il était peut-être plus difficile de répondre, mais qui était certainement la plus noble de toutes : créer ; à partir de rien, arriver à fabriquer quelque chose. Après quoi, le bonheur qui était le sien, sans qu'il en ait conscience, ne tarda pas à se dissiper.

Les jours suivants, une idée l'obséda : il fallait à tout prix qu'il puisse écouter l'enregistrement du concert de Stockman au Colisée. Ces derniers temps, il avait la sensation que la soirée passée avec Elsa tenait plus du cauchemar que d'un épisode réellement vécu. Dans le même temps résonnaient en lui les paroles de sa mère, bien réelles celles-là, décrétant que Dieu n'avait pas voulu qu'il y en ait deux comme lui sur cette terre. Une sortie cruelle et brutale, qu'il lui était impossible d'oublier. Elle avait fait remonter à la surface un passé lointain et nébuleux, les années où il avait appris à marcher et à parler, ses premiers souvenirs d'enfance, les allusions occasionnelles de la part d'un parent au troisième jumeau, celui qui était mort presque sans avoir eu le temps de vivre. Le sujet ne l'avait jamais préoccupé outre mesure jusqu'alors. Mais maintenant qu'il venait de découvrir *l'existence* de son alter ego, ou du moins de quelqu'un qui avait tant en commun avec lui qu'ils étaient capables de composer le même thème à des milliers de kilomètres de distance, Hugo voulait connaître la vérité.

La vérité, pensa-t-il, goguenard, en tenant le manche de sa contrebasse. Il n'y avait qu'une vérité : Stockman était un voleur. Un voleur et un plagiaire. Il ne pourrait jamais le prouver publiquement, bien sûr : Stockman était une star, et lui un illustre inconnu. Tout ce qu'il tenterait en ce sens ne ferait que l'enfoncer un peu plus et lui taillerait une réputation dans le milieu musical – et bien au-delà, probablement – de charlatan essayant de profiter de la célébrité d'un autre. Son objectif était avant tout de prouver que Dieu n'avait rien à voir avec tout ça. Que le destin n'avait pas de prise sur sa vie, que l'identité de quelqu'un était inviolable. Il voulait aussi et surtout prouver qu'il était lui-même, qu'il n'était pas la moitié survivante d'une chose défunte, qu'il était entier. Un tout.

Ce jour-là, il se rendit au Colisée. C'était juste après le déjeuner, une heure à laquelle la rue devenait moins animée. Quelques touristes déambulaient sous leur parapluie, un plan à la main. Hugo arriva en métro, se fraya un passage au milieu de la foule qui entrait et sortait de la station et traversa l'avenue. Il se rappela Elsa, la façon dont elle avait détaché ses cheveux, précisément à cet endroit. Il s'en voulut de ne jamais l'avoir rappelée. Il essaya de ne plus y penser et se dirigea vers la porte d'entrée du Colisée, qu'il trouva fermée. Il fit demi-tour et, au niveau d'une brasserie, s'engagea dans une rue latérale, à l'arrière du bâtiment. Une porte de service était entrouverte. Il passa la tête et appela pour voir s'il y avait quelqu'un. Pas de réponse ; il s'avança dans l'obscurité, arriva devant une volée de marches qu'il monta en longeant le mur à tâtons, puis poussa une lourde porte donnant sur un couloir désert. De là, à travers deux fenêtres, il pouvait voir les immeubles de l'autre côté de la rue et le néon de la brasserie. Il tourna au bout du couloir et se retrouva devant les loges des artistes. Au fond, au-dessus d'une porte, un écriteau indiquait : *Scène*. Il s'approcha doucement ; il entendait les échos estompés d'une musique. Il ouvrit la porte et découvrit que plusieurs instruments étaient à l'origine de cette cacophonie. Sur la scène presque vide, deux musiciens accordaient une guitare et une trompette ; ils ne remarquèrent pas sa présence. Ne sachant trop quoi faire, Hugo recula d'un pas tout en jetant un rapide coup d'œil sur les centaines de places inoccupées du Colisée, les sièges rouges de l'orchestre qui montaient en diagonale en direction des loges.

"Je peux vous aider?" lui demanda quelqu'un d'un ton rude.

Il se retourna et vit s'approcher un homme assez âgé, portant un gilet marron, avec un crayon à papier derrière l'oreille. L'homme l'observa attentivement pendant que Hugo lui expliquait, maladroitement, qu'il était venu deux semaines plus tôt assister au concert de Luís Stockman. Il s'apprêtait à dire – sans trop savoir comment s'y prendre – qu'il cherchait à se procurer un enregistrement de ce concert lorsque l'homme, comme s'il venait subitement de saisir, sourit en dévoilant de vieilles dents abîmées et demanda :

"Vous êtes de la famille de M. Stockman?"

Hugo hésita, puis répondit :

"Oui.

— Je me disais bien qu'il y avait une ressemblance. Son frère?

— Exactement.

— Alors vous êtes sans doute venu chercher ses lunettes, pas vrai ?”

Hugo s’efforça de rester naturel ; derrière lui, les musiciens s’étaient arrêtés de jouer et discutaient à voix basse.

“C’est ça.

— Venez avec moi”, dit l’homme.

Ils franchirent de nouveau la porte donnant sur le couloir des loges. Hugo sentit ses mains trembler et ses jambes étaient toutes flageolantes, comme s’il venait d’apprendre à marcher. Il suivit l’homme, beaucoup plus petit que lui, en observant les grandes taches marron sur son crâne chauve.

“J’ai toujours été physionomiste, renchérit l’homme qui sortit un paquet de cigarettes de son gilet et en alluma une. Vous voulez ?

— Non merci, déclina Hugo, en levant la main.

— Normalement, on a pas le droit ici. Mais je suis là depuis tellement d’années que je veux rien savoir. Il manquerait plus que ça, qu’on puisse pas fumer. C’est pas une clinique que je sache, c’est une salle de concert.”

Ils longèrent les loges et s’engagèrent dans un nouveau couloir. Ils gravirent un escalier, puis l’homme ouvrit la porte d’un petit bureau où régnait le plus grand désordre. Sur une table, des rames de papier et un vieil ordinateur. Sur une chaise à l’assise défoncée, on avait posé une petite cage avec un oiseau.

Le vieux fit le tour de la table et, avec une des clés du trousseau qu’il gardait dans la poche de son pantalon, ouvrit un tiroir. Il en sortit une paire de lunettes qu’il resta à observer.

"Je pensais que personne ne reviendrait plus les chercher." Puis il regarda Hugo en souriant. "Enfin, évidemment, je me disais bien que ce serait pas M. Stockman en personne qui viendrait. J'imagine que c'est quelqu'un d'occupé."

Hugo répondit avec un sourire forcé : "Bien sûr. Très occupé."

L'homme tendit le bras pour donner les lunettes à Hugo. Elles étaient d'une incroyable légèreté, presque immatérielles. Les cercles étaient marron, mais unis par un pont de couleur blanche qui leur donnait un style singulier. Il les rangea dans la poche intérieure de sa veste.

"Donc comme ça, vous êtes le frère. Plus jeune ou plus vieux ?" demanda l'homme, en croisant les bras sur la poitrine.

Hugo n'hésita pas longtemps avant de répondre.

"À vrai dire, nous sommes jumeaux."

Le vieux frappa dans ses mains.

"Je le savais ! s'exclama-t-il, exalté. Qu'est-ce que je vous disais, je mets toujours dans le mille pour ce qui est des visages. Dès que je vous ai aperçu, là-bas près de la scène, je me suis dit : je connais cette tête-là.

— On nous confond souvent.

— Vous devez être sacrément fier de votre frère. Il a fait un tabac. Moi qui suis dans la maison depuis une éternité, je sens quand il y a un vrai enthousiasme chez les gens. À leur façon de traîner autour du Colisée les jours avant le concert. Il y a ces trucs modernes, à consommation rapide, qui attirent des foules d'ados avec des téléphones de toutes les couleurs. Ceux-là ne viennent que le jour même. Mais quand après ça on voit un spectacle de qualité, on se dit que ça vaut la peine d'être encore là après toutes ces années.

— Comment faites-vous la distinction ?”

Le vieil homme parlait maintenant avec un enthousiasme débordant, comme s’il s’était égaré pendant des siècles dans ces couloirs poussiéreux et qu’on venait enfin de le retrouver.

“Les bons viennent toujours avant. Je veux dire, ils se pointent pas juste le jour J. Votre frère, par exemple, il est venu voir la salle une semaine avant le concert. Il a fait exactement comme vous : il est entré par là et s’est mis à fouiner partout. Un après-midi, il s’est assis sur une chaise, au milieu de la scène vide, et il est resté à regarder la salle. Juste regarder. Sans piano, sans rien. C’est à ce genre de choses qu’on mesure à quel point un artiste s’implique dans ce qu’il fait.” Après une mauvaise quinte de toux, il croisa de nouveau les bras. “Ensuite, il y a les fans, évidemment. Ils traînent par là à la recherche des musiciens. On les voit passer une, deux, trois fois. Longtemps avant le spectacle. Et quand c’est le grand jour, c’est les premiers à arriver. Des heures avant l’ouverture des portes. Ils restent là, dehors, à fumer nerveusement, en espérant voir l’artiste. Certains ont de la chance, mais la plupart en sont pour leurs frais.”

Hugo essaya vainement de sourire. Il imagina une foule fébrile massée à la porte du Colisée, attendant anxieusement Stockman et celui-ci arrivant à bord d’une limousine, comme une star de cinéma.

“Et, dites-moi : vous avez assisté au concert ? demanda Hugo.

— J’assiste toujours aux concerts.

— Mon frère voulait savoir une chose. Vous n’auriez pas enregistré sa prestation ce soir-là, par hasard ?”

L’homme fronça les sourcils.

“C’est bizarre, ça correspond pas aux ordres que j’avais reçus.

— Des ordres ?

— Pour ce que j’en sais, votre frère avait clairement donné l’ordre de pas enregistrer le concert. Pas de film non plus. La production a interdit tout type de caméra ou d’appareil d’enregistrement. D’habitude, on fait toujours une captation des concerts, pour garder dans nos archives. Cette fois, on a rien de rien.

— C’est justement ce dont il voulait être certain, dit Hugo, déçu.

— Je me disais bien que c’était une question piège, répondit l’homme en allumant une nouvelle cigarette.

— Bien, je vais vous laisser. Je vais rapporter ses lunettes à Luís.

— Transmettez-lui mes salutations. Évidemment, il sait pas qui je suis, mais dites-lui que c’est de la part d’un admirateur.”

Hugo suivit ses indications pour retrouver la sortie. Il commença par se perdre et tomba sur une porte close ; il rebroussa chemin, emprunta un autre couloir, et parvint enfin à se retrouver au grand jour. Il eut l’impression de quitter des catacombes pour une plage inondée de lumière. Il s’arrêta, les sourcils froncés et les yeux mi-clos, et, instinctivement, mit les lunettes de Stockman. Elles lui allaient à la perfection. Il regarda l’avenue et le va-et-vient incessant des voitures et des piétons, et s’aperçut que tout lui semblait plus net, plus brillant. Les lunettes étaient parfaitement adaptées à sa myopie.

Fou de solitude.

C’est ainsi qu’il se voyait. Il tournait en rond dans son réduit, mais il y avait immanquablement quelque chose pour entraver sa marche : un mur, une fenêtre, un plafond incliné. Il avait une salle de bains avec une glace, des WC et une douche ; mais, parfois, la douche ne marchait pas bien, crachait des petites giclées ridicules, puis laissait s'écouler un filet d'eau sans pression, à moitié jaunâtre, avec quoi il était obligé de se laver, frigorifié, en ces premiers jours de printemps. Les toilettes aussi étaient défectueuses et se bouchaient quasi quotidiennement ; à côté de la cuvette en faïence, il y avait un bidon de produit industriel pour déboucher les canalisations.

Il aurait voulu revoir sa sœur, songea à l'appeler, sans jamais le faire. C'était pareil avec Elsa. Il repensait à elles dans les moments les plus étranges, quand il était allongé dans son lit à attendre le sommeil, tandis que les ivrognes passaient dans la rue en direction de leurs gourbis de Martim Moniz ou d'Intendente ; ou quand, en fin d'après-midi, il s'assoupissait vaguement, victime d'un coup de barre, et décidait de prendre le frais à la fenêtre et de rester à regarder la grue qui s'immisçait dans ses rêves. Il pensait à elles et à quel point il les aimait : sa sœur jumelle, mariée à un tyran, avec qui elle avait conçu la créature la plus adorable au monde ; et Elsa, une inconnue qui lui avait offert sa compagnie le temps d'une soirée et qui, sans en avoir conscience, l'avait de sa main affectueuse conduit à l'échafaud.

Ce n'était pas la faute d'Elsa, il le savait bien. En regardant les mouettes posées sur les toits et, tout en bas, les pigeons s'approcher des restes de nourriture abandonnés sur l'asphalte par un vendeur ambulant, il eut l'impression que tout cela était écrit à l'avance. Que sa solitude n'était pas un châtiment, mais qu'elle faisait plutôt partie d'un processus dont l'issue était certes imprévisible, mais inévitable. Il avait vécu plus de quarante ans dans ce monde sans jamais se poser de questions. Il s'était constamment battu contre le quotidien, une lutte de tous les instants pour survivre. À présent, c'était une autre lutte qui s'engageait, peut-être plus intense, en tous les cas plus spirituelle : il luttait pour savoir qui il était. Dans un sens métaphysique, évidemment : il savait qu'il s'appelait Hugo ; il savait qu'il avait décidé, à un moment de sa vie, de se consacrer à la musique et à la contrebasse – Nutella était toujours sortie de son étui, couchée sur le parquet, telle une femme sur la plage attentive à ses pensées ; il savait que, malgré ses ressources limitées, il avait été capable, comme tous les hommes, de grandir, d'apprendre et, parfois, d'aimer. Mais Stockman, avec son nom maudit, lui avait montré, avec la violence d'un effondrement généralisé, que l'individu ne se définissait par rien de tout ça. Qu'en fait, ce qui le définissait, le rendait unique – son bien le plus précieux –, pouvait lui être dérobé à tout moment.

Voilà ce qu'il pensa de lui-même en observant les pigeons désorientés, créatures toutes semblables, indistinctes : il n'avait toujours été que la moitié de quelque chose, et tout le temps qu'il avait consacré à composer *Dulcineia*, c'était pour tâcher, un jour, de se sentir un et entier. C'est cela que Stockman lui avait volé ; et c'était un crime que Hugo ne pouvait tolérer, sous peine de disparaître de ce monde sans laisser la moindre trace.

Il referma la fenêtre et s'allongea sur son lit. La journée touchait à sa fin, morose, indifférente. Il prit le téléphone sur sa table de chevet et composa le numéro de Julia. Il laissa sonner deux fois et raccrocha. Ensuite, il composa le numéro d'Elsa et fit exactement la même chose. Il reposa le combiné, regarda une mouette qui s'était posée sur le bord de la fenêtre, puis, un oreiller plaqué sur la figure, il essaya de dormir.

Chaque fois qu'il fermait les yeux, il voyait un homme, de dos, s'éloigner au milieu d'une tempête de neige. Il devenait fou.

Fou de solitude.

Il n'y a qu'une seule solution, conclut Hugo. Il se mit à acheter le journal tous les matins. Les trois premiers jours, il ne trouva rien. Le dimanche suivant, il n'était que sept heures et demie quand il ferma la porte de sa mansarde pour dévaler les cinq volées de marches. Il sortit dans la clarté grisâtre du jour, gagna le kiosque le plus proche et remonta dans son appartement. Il s'agenouilla, posa le journal sur son lit, sépara les différents suppléments et tomba rapidement sur la rubrique qu'il cherchait. Dans la liste des spectacles, il passa les noms en revue, comme il l'avait fait les jours précédents. Il crut d'abord qu'il serait bredouille une fois de plus ; puis, remettant en place les lunettes qui lui glissaient sur le nez, il parcourut attentivement la colonne "jazz" et, tout à coup, sentit son pouls accélérer : il venait de trouver ce qu'il cherchait. Le mardi suivant, Stockman jouait en quartet dans un club connu de la ville. Il chercha le numéro de téléphone dans l'annuaire, appela pour réserver une table et raccrocha, le cœur battant.

Le jour venu, Hugo partit avec une heure d'avance. Le club n'était pas tout près, une bonne marche l'attendait, mais il avait le temps. Le temps, voilà au moins une chose dont je ne manque pas, songea-t-il tandis qu'il traversait les rues nocturnes de la Baixa, une écharpe noire autour du cou. Quand il arriva, une demi-heure plus tard, il aperçut un vigile et quelques personnes fumant devant l'entrée. Il alluma une cigarette à son tour et fit mine d'examiner avec intérêt le programme de la soirée, affiché dans une vitrine. Il ignora les trois autres musiciens : au-dessus d'eux, la même photo que sur le disque annonçait la présence de l'invité spécial, Stockman. Il eut l'impression, pendant qu'il regardait le programme, que le vigile l'observait avec curiosité et se demanda si lui aussi le confondait avec le pianiste. Il voulut le dévisager à son tour, mais s'aperçut de sa méprise. Le vigile était resté stoïque, les mains jointes devant lui, ne remarquant rien ou, peut-être, remarquant tout. C'était son travail.

Le trottoir fut bientôt noir de monde. Adossé au mur, Hugo observa la foule, qui rappelait celle qui s'était massée à l'entrée du Colisée. Il se demanda si certaines de ces personnes avaient également assisté à l'autre concert, puis – l'idée le fit frémir – si Elsa allait venir. Il décida que non. Si une telle coïncidence se produisait, il avait une excuse plausible : Julia et Franco l'avaient éjecté de chez eux et il avait donc passé ces derniers temps à chercher un logement. Oui, il vivait dans une mansarde. Oui, il portait des lunettes maintenant. Oui, elle voulait bien repartir et faire l'amour avec lui, sous le regard placide de Nutella, allongée par terre.

Mais Elsa n'était nulle part. Dix minutes après l'horaire prévu, ils ouvrirent les portes. Hugo écrasa sa quatrième cigarette et suivit le mouvement pour entrer. Il prit sa place et descendit par un escalier très étroit jusqu'à une sorte de cave bruyante, avec un bar sur la droite. Une fille attirante vint lui proposer une table ; Hugo répondit qu'il avait réservé. La fille vérifia son nom sur une liste et le conduisit jusqu'à une table tout près de la scène. Hugo ôta sa veste et s'assit. Instinctivement, à cause de ses nerfs, il commanda une boisson alcoolisée : un martini sec. Se rappelant tout à coup qu'il avait arrêté de boire, il s'apprêtait à modifier sa commande quand, fugacement, par une ouverture à travers les rideaux noirs qui cachaient la scène, il aperçut Stockman.

"Un double, rectifia Hugo. Un double martini."

Quelques minutes plus tard, les musiciens arrivèrent sur scène. La salle continua de se remplir. Aux premières loges, Hugo pouvait apprécier chaque accord, chaque note, chaque improvisation. Il n'y avait pas de contrebasse, mais un batteur qui marquait le rythme pour une guitare et une trompette. Le trompettiste, à moitié chauve, avait de larges hanches et se penchait exagérément en arrière quand il jouait des notes tenues ou aiguës. À la guitare, il y avait un type étrange, cheveux longs et rouflaquettes, assis sur une chaise. Sa guitare était toute simple, marron, semi-acoustique, et ses doigts couraient sur les frettes avec cette aisance que donnent des années de pratique.

Au troisième thème, Stockman fit son apparition. Il entra en scène au milieu du morceau, pendant une impro du trompettiste. Conséquence fâcheuse : derrière Hugo, le public se mit à applaudir à tout rompre en criant, au point de couvrir momentanément le solo de la trompette. Stockman s'assit au piano sans un regard pour ceux qui l'acclamaient et sans exiger le silence non plus. Hugo jugea pareille attitude lamentable, indigne d'un jazzman, et demanda un autre martini à la serveuse qui passait par là. L'alcool, après tant de semaines sans boire, avait un effet étrangement hallucinatoire, et Hugo commença à voir les lumières plus brillantes, les ombres mieux découpées. Sans sourciller, il observa attentivement le pianiste qui attaqua, avec grandiloquence, sur un accord dissonant au beau milieu d'une phrase du trompettiste. Il remarqua qu'il portait de nouvelles lunettes, à l'armature plus épaisse que les "siennes", et une écharpe noire autour du cou.

Il songea qu'ils pourraient réellement être jumeaux. En temps normal, il aurait eu des sueurs froides à cette seule idée. Maintenant, grâce à l'effet réconfortant du martini, c'était juste une idée aperçue de l'autre côté du voile qui, peu à peu, le séparait de la réalité.

Certainement, on est vraiment jumeaux, décida-t-il. Il eut envie de rire, mais se retint. Les lumières avaient baissé, Stockman commençait à improviser, et juste à côté de Hugo venait de s'asseoir une fille au parfum entêtant, trop citronné, qui lui soulevait le cœur. Puis lui traversa l'esprit que, dans un film de science-fiction ou de série B, Stockman serait en effet son frère défunt de retour dans ce bas monde ; ou, mieux encore, son frère jumeau qu'on croyait mort quand, en vérité, il avait été kidnappé par une infirmière stérile ayant déclaré son décès avec la connivence des médecins et de la direction de l'hôpital. N'ayant pas connu sa vraie famille, Luís Stockman n'aurait jamais pu se douter que l'homme qui l'observait attentivement à cette table si proche de la scène était, en réalité, son double.

Ou dans un téléfilm mexicain, pourquoi pas ?

À la fin de son premier verre, Hugo avait eu envie de rire. À la fin du second, la musique devint obsédante, comme s'il buvait un élixir magique aiguisant un seul de ses sens. Il cessa d'entendre le bruit que faisait le public ; il cessa de prêter attention à la fumée de cigarette qui allait et venait comme un nuage toxique. Seule la musique semblait franchir la barrière physique de son corps, le pénétrer, résonner en lui comme si un médiator faisait vibrer chacun de ses nerfs. Il savait ce qu'il cherchait, ou du moins pensait le savoir. Il ferma les yeux et essaya de se concentrer. Il n'était pas en quête d'un accord ou d'une note, mais d'un patron, en quelque sorte ; un patron conçu par lui, à partir duquel il avait confectionné sa composition. Une espèce de programme génétique ou de structure moléculaire déterminant la singularité de chaque créateur. Il ne reconnaissait pas la mélodie que jouaient les musiciens. Il lui semblait que c'était, selon les moments, un des morceaux du disque de Stockman, une fugue de Bach jouée à la va-comme-je-te-pousse ou n'importe quel standard de blues impossible à identifier. Mais nulle trace de son "patron" ; il restait indécelable ce soir-là, indécelable dans les notes que Stockman jouait avec le même abandon que lors du concert au Colisée.

Comme si une brèche s'ouvrait dans un mur de pierres, Hugo commença à entendre la respiration des musiciens. Ensuite, la respiration du public. Une odeur âcre, de citron et de fumée, lui monta aux narines. Il rouvrit les yeux. Stockman, depuis la scène, le regardait. Les doigts étaient toujours sur les touches du piano, accompagnant le solo de guitare. Mais cela ne faisait aucun doute : il l'observait. Hugo soutint son regard pendant quelques secondes ; puis, comme si de rien n'était, le pianiste renoua avec son introspection habituelle. Hugo commanda un troisième martini : il était persuadé que ce regard marquait le début de quelque chose.

À la fin, après les applaudissements, il demanda à la serveuse qui l'avait conduit à sa place où se trouvaient les loges, au prétexte qu'il voulait féliciter les musiciens. La fille lui indiqua une porte près du bar. Bien éméché, sentant qu'il marchait sans maîtriser ses mouvements, il se retrouva dans un couloir bondé. Une file d'admirateurs s'était formée, qui semblaient attendre de pouvoir parler aux musiciens. Hugo comprit bientôt que la file ne conduisait qu'à une seule porte, qui restait ouverte. Une personne sortait, une autre entrait. Tous repartaient avec l'expression humble de ceux qui viennent de rencontrer un génie, et un léger sourire comme si, par contagion, ils avaient reçu la grâce. Tous, sans exception, étaient là pour Stockman. Les autres musiciens sortirent d'une loge différente, un par un, remontèrent discrètement la file et abandonnèrent le couloir en direction du bar.

Hugo suait abondamment. L'alcool avait eu, pour son corps, l'effet d'une injection létale et, debout dans cette semi-obscurité, flanqué de deux filles incapables de contenir leur excitation – l'une d'elles tapait du pied par terre comme une hystérique, Hugo eut envie de lui hurler dessus pour qu'au moins elle le fasse en y mettant du rythme –, il crut un instant qu'il allait s'évanouir. Malgré tout, il se félicitait de la pénombre : au moins, personne ne le confondrait avec Stockman. Son tour finit par arriver. De la loge sortit l'homme qui l'avait précédé dans la file, un type d'une soixantaine d'années, une pile de disques sous le bras, tous les mêmes, probablement signés par le pianiste. Derrière Hugo, l'impatience était à son comble, presque palpable. Il fit un pas en avant, un autre, avec le sentiment qu'on le poussait dans la tanière du loup.

Sans se soucier des conséquences de son geste, il ferma derrière lui et donna un tour de clé. Il n'avait pas encore regardé Stockman. Puis il aperçut, près de la porte, un haut tabouret ; il s'assit. Le pianiste aussi était assis, jambes croisées, sur un fauteuil tournant, un stylo à la main. Ils se dévisagèrent : Hugo songea que, décidément, ils se ressemblaient énormément, même si Stockman portait les cheveux un peu plus longs que lui et avait posé sur la table ses nouvelles lunettes, à l'armature plus épaisse, qui lui allaient à la perfection, car elles lui donnaient un air d'intellectuel prétentieux.

“Vous avez quelque chose à faire signer ? demanda Stockman, qui regarda avec étonnement la porte close.

— Quelque chose ?

— Que je puisse signer”, insista Stockman, agacé.

Hugo fouilla dans sa veste. Il en sortit le ticket d'entrée du club et le tendit au pianiste.

“Ça ? s'étonna l'autre.

— C'est tout ce que j'ai”, répondit Hugo.

Stockman, après un bref coup d'œil dans le miroir, signa au dos du ticket, puis le rendit à Hugo. Celui-ci sourit de mauvaise grâce, rangea le billet dans la poche de sa veste et resta sans bouger.

“Autre chose que je puisse faire pour vous ?

— Oui, en effet, répondit Hugo, en croisant les bras. J'ai assisté à votre concert au Colisée. Impressionnant.

— Hum hum, murmura Stockman.

— Rien que des compositions à vous ?

— Quelques standards. Et des impros. Pourquoi cette question ?

— Il m'a semblé entendre une chose que je n'ai pas reconnue. Ni de votre répertoire ni un standard. Ça ne m'a pas semblé être une impro non plus."

Stockman fronça les sourcils ; puis il décroisa les jambes, remit ses lunettes et se pencha en avant. Il cherchait à mieux observer Hugo, comme si celui-ci l'intriguait.

"Je vous ai aperçu dans le public. Vous étiez seul, les yeux fermés. On aurait cru que vous dormiez.

— J'étais concentré sur la musique. C'est tout.

— Bien. Que puis-je pour vous alors ? Parce qu'il y a beaucoup de gens qui attendent."

Hugo ne se démonta pas. L'alcool s'était transformé en confiance, il était d'un aplomb à toute épreuve et n'avait plus le moindre doute : le type qui se trouvait devant lui était un escroc. Un pianiste exceptionnel, certainement ; mais aussi un escroc et un voleur.

"Dites-moi un peu, commença-t-il, une main sous le menton. Ça fait quoi d'être dans cette situation ? Ça vous fait jouir, tous ces gens qui attendent de vous baiser la main ?"

Stockman recula contre le dossier de son fauteuil, stupéfait.

"Je crois qu'il vaut mieux que vous partiez, l'ami, dit le pianiste. J'ai comme l'impression que vous avez votre compte."

Quelqu'un frappa à la porte de la loge.

"Un instant, cria Hugo.

— Je vous ai demandé de sortir, insista Stockman.

— Je m'en vais. Mais je voulais juste vous dire ceci : au Colisée, vous avez joué un thème qui n'est pas de vous. Je ne veux même pas savoir ce que vous allez en faire. De nous deux, c'est vous qui êtes célèbre. Moi, personne ne me connaît."

L'autre fronça de nouveau les sourcils, interloqué.

"De quoi parlez-vous au juste ?

— Tout ce que je voudrais savoir, c'est comment vous avez réussi. Comment vous avez fait pour me voler une chose qui n'était écrite que dans ma tête. Expliquez-moi ça, et je m'en vais, je vous fous la paix."

Carré dans son fauteuil, Stockman l'observa longuement. Pour la première fois, il esquissa un sourire.

"Ainsi, vous pensez que je vous ai volé quelque chose.

— Je ne le pense pas. J'en suis certain.

— Je peux vous demander alors où vous avez trouvé les lunettes que vous portez ?"

On frappa de nouveau. Derrière la porte, quelqu'un appela le pianiste.

"Un instant", répéta Hugo, tandis qu'on entendait le brouhaha de la file indienne dans le couloir. Ensuite, il retira ses lunettes et les tint dans sa main droite, en se maudissant d'avoir à mentir.

"Ces lunettes ? Je les ai depuis toujours.

— Vous permettez ?"

Hugo resta immobile, Stockman fit rouler le fauteuil jusqu'à lui et, précautionneusement, lui prit les lunettes de la main. Il les examina quelques secondes et sembla satisfait.

“Ces lunettes sont à moi, déclara Stockman. Ou, du moins, elles étaient à moi. Vous voyez ce filet blanc sur l’armature ? Et cette petite inscription à l’intérieur ? Ce sont mes initiales. Vous avez sans doute cru que c’était la marque. Vous vous êtes trompé. Je les ai perdues récemment. Où les avez-vous trouvées ?”

Hugo ne répondit pas. Stockman se pencha de nouveau vers l’avant et les lui rendit.

“Bien, peu importe. J’en ai d’autres maintenant. La vérité est la suivante : dans cette loge, s’il y en a un qui a pris quelque chose à l’autre, c’est vous. En l’occurrence, mes lunettes. Si vous persistez à dire que ce sont les vôtres, et ce depuis toujours, je serai bien obligé de vous considérer comme un menteur. Ou, à tout le moins, pour quelqu’un d’enferré dans un mensonge dont il est incapable de se dépêtrer et qui, du coup, est obligé de mentir jusqu’au bout. D’un autre côté, ça m’inquiète un peu que quelqu’un me poursuive de cette façon. Vous étiez au Colisée, ce soir vous êtes ici. Vous laissez entendre que je vous ai volé un thème, mais vous vous présentez avec quelque chose qui était à moi, à l’endroit le plus visible qui soit : au beau milieu de la figure. Faut-il que je m’inquiète ?

— De quoi ? demanda Hugo, humilié.

— De votre santé mentale, par exemple.

— Ma santé mentale ne vous regarde pas. Je suis venu vous dire que ce soir-là vous avez joué une de mes compositions, et j’aimerais sortir de cette loge en sachant comment vous avez pu en prendre connaissance, puisque je ne l’ai jamais partagée avec personne.” Il respira profondément et se leva. “Je reconnais que les lunettes sont à vous. Elles se trouvaient au Colisée. En fait, l’homme qui les gardait a cru qu'on était jumeaux, et je lui ai menti à lui aussi. Et vous voulez que je vous dise encore autre chose ? L'autre jour, j'ai signé un autographe à votre place." Conscient que ses propos semblaient de plus en plus délirants, Hugo comprit que sa seule solution, comme l'avait dit Stockman, était d'aller jusqu'au bout. "Vous me prenez pour un fou ? Eh bien, moi, je crois que j'ai le droit de voler à mon tour celui qui m'a volé. Et quelque chose d'autrement plus important qu'une paire de lunettes."

Stockman se leva lentement à son tour. Ils se firent face tous les deux, les bras le long du corps. Ils avaient exactement la même taille et la même posture, légèrement voûtée, comme si les poignets leur pesaient plus que les épaules et qu'ils étaient inéluctablement attirés vers le sol.

"Vous avez fini ? demanda le pianiste.

— Une mélodie en *do* dièse.

— Ce n'est pas ce qui manque, les mélodies en *do* dièse.

— Vous savez parfaitement de laquelle je veux parler.

— Je n'en ai pas la moindre idée", répliqua Stockman, d'une voix acide qui, pour Hugo, trahissait sa culpabilité.

On frappa de nouveau à la porte, plus fort cette fois. Intérieurement, Hugo trembla, mais prit sur lui pour n'en rien montrer.

"J'imagine qu'il y a des gens comme vous aux quatre coins du monde, dit Stockman. Qui vivent dans l'illusion que quelqu'un, quelque part, leur a, à un moment donné, volé ce qui leur était dû. Et passent le reste de leur vie à essayer de récupérer cette chose qui, dans le fond, n'a jamais véritablement existé." Stockman marqua une pause. "C'est triste. Et c'est encore plus triste que vous voyiez en moi, alors que nous sommes l'un pour l'autre de parfaits inconnus, la cause de votre malheur.

— Nous ne sommes pas de parfaits inconnus l'un pour l'autre, insista Hugo, en se rendant compte qu'il avait remis ses lunettes. Si ça se trouve, on se connaît depuis toujours sans le savoir. Au concert, vous avez joué une composition sur laquelle je travaille depuis des années. Je vous l'ai déjà dit. Cette composition n'est pas sur votre disque. On ne la doit à aucun autre musicien. Ce n'était pas une impro. Elle est à moi. Et, si on l'a en partage, je ne vois que deux possibilités."

D'une voix plus pressante, on appela Stockman depuis le couloir.

"Qui sont?

— La première : une coïncidence inimaginable et quasi impossible : deux personnes, à des milliers de kilomètres de distance, ont écrit la même mélodie, à la note près, au même stade de leur vie. La seconde : on est jumeaux."

Stockman plaqua la paume de sa main sur sa bouche, puis se gratta légèrement la barbe. Il le regardait avec cet air préoccupé des médecins, ce qui agaça Hugo.

"Jumeaux?

— Quelle est votre date de naissance?

— Difficile à dire.

— Vous ne connaissez pas votre date de naissance?

— J'ai été placé très tôt dans une maison d'accueil. La date reste imprécise.

— Au mois d'août?"

Stockman eut l'air surpris de la question – qui, du reste, était moins une question qu'une affirmation.

“Je crois, oui.
— Quel âge avez-vous ?
— Quarante-trois.
— Je le savais.”

La voix se fit de nouveau entendre. Quelqu’un essayait d’ouvrir la porte, en secouant la poignée.

“Il vaudrait mieux ouvrir la porte, conseilla le pianiste.

— Quand je suis né, mon frère jumeau est mort, dit Hugo, en accélérant son débit, pressé par le temps qu’il sentait s’écouler comme le sable dans un sablier. En un sens, je peux considérer que je l’ai tué. Autrement dit : il est mort pour que je vive. Toute ma vie, j’ai cru que c’était la vérité. La seule façon que j’ai de donner du sens à tout cela, c’est de croire à la possibilité de cette coïncidence qui, dans le fond, valide les deux hypothèses. Nous avons tous les deux écrit cette composition en même temps. Nous avons commencé exactement au même moment de notre vie et, sans le savoir, nous l’écrivions afin de pouvoir nous retrouver, parce que nous avons été séparés il y a une éternité.

— Tout ça n’est que pur délire.

— C’est pour ça que nous avons écrit exactement le même thème”, insista Hugo, comme si, à l’instant où il proférait ces paroles, tout s’agençait à la perfection. Derrière lui, on s’acharnait sur la porte de plus en plus violemment.

“Ouvrez la porte, s’il vous plaît”, demanda instamment Stockman.

On entendit un choc et les vis de la poignée de porte sautèrent. La poignée tomba à terre et la porte s’ouvrit. Le vigile qui se trouvait plus tôt à l’entrée du club fixait Hugo d’un regard menaçant. Puis il se tourna vers Stockman, dans l'attente d'une consigne.

"Ce monsieur s'apprêtait à sortir", dit le pianiste, avant de se rasseoir en croisant les jambes.

Derrière le vigile, des dizaines de personnes aux mines intriguées cherchaient à comprendre ce qui venait de se passer dans la loge. Les mêmes regardèrent Hugo, accompagné du vigile, remonter vers le bar en haut des escaliers, puis s'enfoncer, solitaire, dans la froideur de la nuit. Lorsqu'il se coucha, ce soir-là, humilié, en proie à un violent sentiment de révolte, il entendait encore ces voix murmurer, sournoises, mesquines, leurs commentaires réprobateurs sur cet homme qu'on avait dû expulser *manu militari* de la loge du pianiste prodige.

Il resta la journée entière dans le parc, assis sur un banc, à regarder les passants. On était mardi, ou peut-être mercredi, ou jeudi : il n'aurait pas su dire et, en fait, il s'en fichait. Il savait que c'était un jour de la semaine car il voyait, de temps en temps, passer des enfants, le cartable sur le dos, souriants ou pressés, en route pour l'école. Il avait acheté le journal, mais sans avoir l'intention de le lire. Il voulait juste tenir quelque chose entre les mains pour contrecarrer son allure dilettante, son air égaré. Il avait posé le journal sur ses genoux et les feuilles se soulevaient légèrement chaque fois que le vent se mettait à souffler.

Sa rencontre avec Stockman l'avait comme plongé dans le coma. Il se savait vivant, mais avait l'impression d'être mort. Assis dans le parc, il se rappelait certaines choses avec une lucidité particulière : le moment où Catherine, la luthière, lui avait dit qu'il devrait prendre un peu plus soin de lui. C'était donc ce qui arrivait quand on ne prenait pas assez soin de soi-même ? Cette solitude si proche de la folie, cette découverte affligeante et choquante de la vérité, cette certitude d'avoir été dans l'erreur toute sa vie ? Stockman était son jumeau, il en était convaincu : la meilleure version de lui-même. Comment un tel malheur était-il arrivé ? Il était incapable de le dire ; du reste, ça ne l'intéressait guère. Mais l'existence de l'un annulait l'existence de l'autre : il aurait beau faire, il aurait beau essayer, sa créativité ou son instinct auraient beau lui indiquer une voie à suivre, il savait désormais que cette voie était déjà empruntée par un autre, la moitié de lui-même qu'il croyait défunte depuis toujours, la moitié la plus vigoureuse, la plus exubérante. La moitié née sans ce cancer du doute.

Il se rappela également les paroles de sa mère et le chèque qu'elle lui avait donné pour aller consulter l'hypnotiseuse. Si le monde, comme cela lui semblait évident, était clairement divisé en deux parties incompatibles, en permanente opposition – le monde physique et le monde spirituel –, alors il était possible que quelqu'un, plus en contact avec ce monde spirituel, soit en mesure de l'aider, puisque la révolte qui l'avait rendu insomniaque était, avant tout, la révolte de l'incompréhension. Il savait qu'il pouvait s'escrimer à expliquer, envahir la loge d'un inconnu autant de fois qu'il le voudrait, jamais il ne parviendrait à le convaincre – idem avec Julia, ou avec leur mère – qu'ils étaient comme les anneaux d'une même chaîne, séparés dans l'espace et dans le temps (depuis plus de quatre décennies).

Il ouvrit le journal, essaya de lire les nouvelles, mais comprit immédiatement que ce serait impossible. Son esprit était tout entier occupé par l'incroyable histoire de sa vie. Il avait voulu jouer de la contrebasse ces derniers jours. Mais, à présent, même son propre instrument lui semblait étrange : Nutella était constamment au repos, amorphe, comme si le divorce entre eux était consommé. Il avait répété *Dulcineia*, deux ou trois fois. Mais il s'était vite aperçu que plus il s'échinait, plus la mélodie lui échappait par les silences qui reliaient une note à l'autre ; plus ses doigts cherchaient les notes justes pour exprimer le sentiment juste – c'est du moins ainsi qu'il avait pensé sa musique –, plus ce sentiment se muait en échec, en sentimentalisme.

En milieu d'après-midi, il se leva pour aller manger. Il entra dans un restaurant, commanda un sandwich qu'il avala au comptoir et retourna s'asseoir sur son banc dans le jardin. Les gens le regardaient discrètement, comme ils auraient regardé un clochard ou un excentrique, avec cette peur qu'a l'être humain hautement civilisé d'être abordé par un autre être humain dans la rue. Il resta assis deux heures de plus. Il avait oublié son journal au restaurant ; aussi se mit-il à compter les feuilles des arbres, cherchant à effacer ses pensées puisqu'il se sentait incapable de les remplacer par d'autres. C'est alors qu'il les vit s'approcher : Dulcineia et Mateus. Son neveu portait un masque représentant le visage sinistre d'un vampire, retenu par un élastique ; le gamin trébuchait à cause du masque qui l'empêchait de voir comme il faut. Dulcineia aperçut Hugo et lui sourit.

"C'est carnaval ? demanda Hugo.

— C'est passé depuis un moment, répondit-elle, mais Mateus a gardé ça en souvenir et, maintenant, il le met tous les jours après l'école.

— Tonton !" lança Mateus, d'une voix estompée par le masque.

Hugo s'accroupit et releva le masque en l'attrapant par ses canines pointues.

"Dracula ! s'écria Hugo. C'est moi."

Ils se promenèrent dans le parc. Dulcineia lui demanda ce qu'il avait fait ces derniers temps. Hugo s'en tira avec des réponses évasives et de petits mensonges, en lui disant qu'il avait cherché du travail ici et là. Elle voulut savoir s'il continuait à jouer et Mateus, mordant avec ses dents de vampire dans le sandwich au fromage que lui avait donné la bonne, prit des nouvelles de la barque basse.

"Je ne joue pas beaucoup en ce moment, expliqua Hugo. J'essaie de voir comment je pourrais faire quelque chose de ma vie."

Dulcineia le regarda avec tristesse, comme si elle assistait en accéléré à la chute irréversible d'un homme. Puis elle prit le sandwich des mains de Mateus, souleva le masque et lui fit croquer une bouchée.

"Je pense que vous devriez persévérer, suggéra Dulcineia. La musique, c'est un métier difficile.

— Très, acquiesça Hugo.

— Et ne vous laissez pas influencer par les autres.

— Quels autres ? interrogea Mateus, la bouche pleine.

— Tous les autres, dit Dulcineia, en passant sa main dans les cheveux de l'enfant.

— Je vais jouer, annonça Mateus, et il fila rejoindre un groupe de garçons plus grands que lui qui jouaient au foot sur la pelouse.

— Quels autres ?” répéta Hugo, en souriant.

Les yeux noisette de Dulcineia brillaient sous le soleil de l’après-midi ; ses cheveux, détachés, flottaient au vent.

“Votre beau-frère, répondit-elle, un peu gênée. Je sais que vous ne vous entendez pas bien. Julia m’a raconté ce qui s’était passé dans le magasin. Je suis sûre que vous ne l’avez pas fait exprès.

— Bien sûr. Mais ça ne veut pas dire que je ne sois pas un peu coupable.

— Coupables, nous le sommes tous”, répliqua-t-elle. Ils se trouvaient sous un arbre dont les feuilles, maltraitées pendant tout l’hiver, tombaient abondamment à leurs pieds. Un peu plus loin, Mateus avait l’air de bien s’amuser avec les autres garçons. “Nous sommes coupables depuis notre naissance, parce que nous avons péché. Je crois en Dieu. Vous y croyez, vous aussi ?

— Je ne sais pas.”

Elle leva la main et la posa sur la poitrine d’Hugo.

“Il est avec nous même quand on se croit abandonné. Je vous sens abandonné. Je vous sens triste. Différent de la première fois où je vous ai vu.”

Hugo fut submergé par l’émotion sans savoir pourquoi. Il leva sa main vers celle de Dulcineia, voulut la toucher, mais elle la retira aussitôt et jeta un regard vers l’enfant, qui semblait courir derrière le ballon sans jamais le toucher.

“Excusez-moi, dit Hugo.

— Ce n’est pas grave”, répondit Dulcineia.

Ils s’assirent sur un banc du parc.

“Si vous croyez en Dieu, vous croyez aussi aux esprits, déclara Hugo.

— Je pense, oui.

— Et aux fantômes.

— Est-ce que ce n'est pas la même chose ?

— En principe, les fantômes sont plutôt les esprits de ceux qui sont morts."

Dulcineia commença à se ronger les ongles en silence, comme si la discussion la rendait nerveuse.

"Mon père est mort, dit-elle.

— Je suis navré.

— Il n'y a pas de mal. C'était il y a très longtemps.

— Et vous croyez aux fantômes, alors ?

— Est-ce que je crois que mon père se promène à mes côtés ?

— Par exemple.

— Peut-être. Parfois, j'arrive à sentir sa présence. Mais ça ne dure qu'un instant, c'est passager.

— Je vous envie, soupira Hugo.

— Pourquoi ?"

Hugo inspira profondément, se laissa envahir par les odeurs du printemps.

"Je pensais que les histoires d'esprits, de fantômes, c'était bon pour les gens superstitieux.

— Et vous avez changé d'avis ?

— Je crois, oui. Maintenant, je pense qu'ils vivent ici, parmi nous." Il se tourna pour regarder Dulcineia dans les yeux. "J'ai vu un fantôme. Ou, plutôt, un fantôme n'arrête pas de me tourmenter. Celui de mon frère jumeau, qui est mort après six heures de vie. Presque tout nous rapproche. En même temps, presque tout nous sépare."

Dulcineia avait l'air effrayée ; les yeux écarquillés, elle se tortillait les doigts.

"Vous êtes certain que c'est lui ?"

Hugo acquiesça d'un hochement de tête.

“Si ce n’est pas le cas, alors plus rien n’a aucun sens et mieux vaut mourir sur-le-champ.

— Et s’il pensait la même chose de vous ?

— C’est-à-dire ?

— Que vous êtes un fantôme qui n’arrête pas de le tourmenter ?”

Hugo fronça les sourcils, puis sentit son corps s’affaisser un peu sur le banc. Dulcineia venait de lever le voile sur une question qu’il ne s’était jamais posée : et si c’était Stockman qui avait une existence réelle et lui celle d’un fantôme ? Et si, à Stockman aussi, on avait répété toute sa vie qu’il avait eu un frère jumeau, et que ce frère jumeau était mort bébé – pour venir, passé quarante années, se moquer de son identité ? Si tel était le cas, pour quelle raison le pianiste le lui aurait-il caché ? Peut-être, dans le fond, aimait-il la vie qui était la sienne ? Rien de plus facile que de l’aimer. Peut-être, dans le fond, voulait-il seulement que son fantôme disparaisse afin de pouvoir poursuivre sa marche triomphale ?

Il ne répondit pas à Dulcineia. Une minute après, Mateus vint les rejoindre, en pleurs. Il se frottait l’œil de son poing fermé ; le côté droit de son visage était tout rouge. Dulcineia lui demanda ce qui s’était passé. Il raconta, en sanglotant et en avalant la moitié des mots, que les garçons lui avaient envoyé le ballon en pleine figure alors qu’il courait derrière eux. Dulcineia serra l’enfant dans ses bras, chercha à le réconforter avec des paroles chuchotées dans le creux de l’oreille, que Hugo ne parvint pas à entendre. Hugo regarda vers la pelouse : les autres garçons continuaient à jouer au foot, indifférents à la souffrance de son neveu, à la douleur qu’ils lui avaient infligée.

Il était l'heure de rentrer. Hugo décida de les accompagner et ils marchèrent dans les rues à pas lents. Mateus s'arrêta de pleurer à mi-parcours, comme s'il avait soudain complètement oublié l'incident et ne s'intéressait plus qu'à son masque de vampire. Arrivé à proximité de chez Julia et Franco, Hugo eut l'intention de partir de son côté, mais Mateus s'était déjà cramponné à sa main gauche et tenait Dulcineia de la droite, pour se balancer au milieu du couple.

"Montez prendre quelque chose avec nous, si vous voulez, proposa Dulcineia. Julia et Franco ne seront pas là avant sept heures, sept heures et demie."

Hugo accepta. Ils entrèrent dans l'appartement impeccablement rangé et Dulcineia alla dans la cuisine préparer le goûter pendant que, dans le salon, Mateus montrait un dessin animé à son oncle. Puis Dulcineia leur apporta des petits sandwichs au jambon sur une assiette. Ils en mangèrent deux chacun, la bonne un. Sur le canapé, Mateus se blottit contre son oncle et, au bout de quelques secondes seulement, s'endormit profondément, en nage. Le doigt sur la bouche, Dulcineia fit signe à Hugo de ne rien dire et prit l'enfant dans ses bras pour aller le mettre au lit.

Quand Dulcineia sortit de la chambre, Hugo était dans le couloir, les bras le long du corps. Sans un seul mot, ils s'embrassèrent. Elle avait un goût de café ; lui, probablement, de cigarette. Hugo saisit Dulcineia par la taille et lui caressa les seins du bout des doigts. Impossible de savoir qui prit l'initiative d'entrer dans la chambre : elle, qui était dos à la porte ; ou lui, qui lui faisait face. Dans le silence de l'appartement, entrecoupé par la lourde respiration de Mateus, ils s'allongèrent sur le lit de Julia et

Franco, qui sentait le linge propre, avec ses oreillers disposés symétriquement, et commencèrent à se déshabiller. Hésitante, Dulcineia ne se laissa pas aller immédiatement. Lui, cependant, surpris par la violence de son propre désir, l'embrassa avec véhémence, empoigna ses seins pour les rapprocher et les serra si fort qu'elle lâcha un petit cri de douleur. Il la retourna sur le lit, lui pétrit les fesses et sentit ses ongles se planter dans sa chair. Il lui tint le menton entre le pouce et l'index, pressa ses joues, lui ouvrit la bouche et y fourra sa langue, puis écarta son visage du sien tandis qu'un filet de salive continuait de les unir.

Elle le chevaucha et, dans un va-et-vient de plus en plus rapide, le conduisit très vite à l'orgasme – plus un soulagement que du plaisir. Elle voulut crier mais, la main sur la bouche, ne laissa entendre que ses gémissements haletants.

Ils s'allongèrent côte à côte, à demi nus. Leurs vêtements étaient éparpillés par terre ; l'après-midi touchait à sa fin, la lumière déclinante projetait de longues ombres dans la chambre. Dulcineia avait l'air épuisée et ses yeux entrouverts semblaient chercher le réconfort du sommeil.

"Il ne faut surtout pas que je m'endorme", dit-elle.

C'est pourtant ce qu'elle fit, moins d'une minute plus tard. Hugo se leva. L'appartement était maintenant plongé dans une obscurité quasi complète. Il entendait la respiration de son neveu et celle de la bonne. Pendant qu'il marchait, en chaussettes et chemise, il se plut à imaginer brièvement, même si c'était absurde, que cet appartement lui appartenait ; que le garçon qui dormait dans la chambre était son fils ; que la femme qui dormait sur le lit était sa femme. Sans trop savoir pourquoi, cette pensée le consola, et il se sentit moins triste que lorsque leur court moment de plaisir avait pris fin. Le plaisir a toujours une fin, et cède vite la place à la douleur de l'absence. Il n'est pas possible de passer du plaisir à une tranquillité neutre, songea-t-il, tout en buvant un reste de café froid dans une tasse oubliée dans la cuisine. Après le plaisir, il y a un trou noir qu'il faut combler comme un alchimiste. Avec du café, par exemple ; mais, plus souvent, avec de l'alcool.

Il se mit à fouiller dans les placards. Il trouva une bouteille de vodka à moitié pleine. Il en but une longue gorgée. Le mélange avec le café était agréable. Puis il sortit de la cuisine et ouvrit la porte qui se trouvait juste en face. Il était déjà entré, mais une fois seulement : il se rappelait que Franco lui avait interdit de mettre les pieds dans son studio. Mais Franco n'était pas là, Julia non plus. Il avança d'un pas.

Studio, c'est beaucoup dire, songea Hugo : c'était juste une pièce étroite avec une longue table sur laquelle se trouvaient deux ordinateurs, un appareil photo sans doute très cher, une demi-douzaine de dossiers d'archives, et un panneau sur lequel étaient fixées des dizaines de photos. Il reconnut leur format : c'étaient des images prises avec le Lomo que Franco ne lâchait jamais. Il farfouilla dans les clichés, éclairé par la lumière du couloir : il vit Julia sur beaucoup d'entre elles, il vit Mateus, des gens qu'il ne connaissait pas ; des photos prises dans la rue, dans des restaurants, lors d'une fête. Ensuite, il repéra des photos de lui en haut du panneau. Il eut un léger sourire en se voyant aux côtés de Julia et Mateus à table ; sur une autre image, il était seul, une fourchette à la main, avec devant lui une assiette de salade de poulet et une bouteille d'eau minérale au citron. C'est alors qu'il cessa de sourire. Il se rapprocha du panneau, le cœur battant, la respiration entravée, des fourmillements dans les membres annonçant un évanouissement ou une montée de panique. Il chercha l'interrupteur, l'actionna et le studio fut soudain éclairé par une violente lumière.

Sur les deux photos se trouvait un type qui lui ressemblait en tout point, mais qui portait des lunettes – les lunettes de Stockman. Sentant le monde vaciller autour de lui, il arracha les photos pour pouvoir les examiner de plus près. L'homme que l'on voyait – sur la première, en train de parler avec Mateus tandis qu'il était observé par Julia ; sur la seconde, tout occupé à approcher la fourchette de sa bouche – était grand, avec de longues mains osseuses, des cheveux grisonnants, et des lunettes exactement identiques à celles qu'il portait maintenant. C'est moi, pensa Hugo, stupéfait. Et aussitôt : mais ça ne peut pas être moi.

Il sortit du studio les photos à la main, chancelant. Puis laissa glisser entre ses doigts les images imprimées sur papier brillant, qui virevoltèrent avant d'atteindre le parquet endommagé par les jeux de Mateus. Il était à moitié nu, au milieu du couloir, en état de choc, Dulcineia dormait dans la chambre de ses employeurs, lorsque la porte principale s'ouvrit : Franco venait de rentrer chez lui.

Il n'offrit aucune résistance à son beau-frère. Même s'il l'avait voulu, son corps n'aurait pu que décevoir ses attentes. À présent, allongé dans son lit, l'œil gauche fermé à cause du coquard, il essayait de se rappeler ce qui s'était passé.

Dans un premier temps, Franco resta presque aussi interdit que lui. Ils se fixèrent longuement du regard. Puis l'autre se mit à lui poser des questions, d'abord stupéfait, ensuite indigné, avant de finalement sortir de ses gonds. Hugo fut incapable de répondre. Son pénis flaccide se balançant entre ses jambes, il s'écarta pour laisser passer Franco qui fonça vers la chambre avec la brutalité d'un taureau. Peu après, il le vit ressortir en tirant Dulcineia par le bras. La fille, en larmes, serrait ses vêtements contre elle, ses seins ballottant dans tous les sens pendant que Franco, avec une violence rentrée, la conduisait vers la porte en lui ordonnant de ficher le camp. Dulcineia lança un dernier regard honteux et désespéré à Hugo avant de disparaître pour toujours. Puis son beau-frère s'approcha et, ni une ni deux, lui expédia un coup de poing en pleine figure. Hugo ne sentit rien, si ce n'est la courbe que son corps décrivit dans sa chute. Sa tête heurta le sol : des gouttes de sang giclèrent sur les photos.

Il essaya de parler, de s'expliquer. Il voulait dire à Franco qu'il le détestait mais, malgré tout, si celui-ci acceptait de l'écouter – pour que Hugo puisse lui dire comment sa vie lui avait été dérobée par un autre homme, en tout point et son semblable et son contraire –, les choses pourraient finir par prendre sens, un sens qui peut-être les rapprocherait ou, du moins, jetterait un pont entre eux. Franco lui shoota dans le ventre quand il remarqua que la porte du studio était ouverte et la lumière allumée à l'intérieur. Il vociféra quelque chose que ne comprit pas Hugo, ramassa les photos tombées par terre, entra dans le studio en continuant de hurler, y resta quelques secondes, éteignit la lumière et ressortit en claquant la porte. Hugo essaya de se relever, mais il semblait avoir perdu toute capacité à donner des ordres à son propre corps. Franco l'attrapa par un bras, Hugo se laissa traîner par terre jusqu'à une chaise du salon, où il s'assit et attendit les instructions.

Il regardait à présent sa contrebasse ; une fine couche de poussière s'était déposée sur les échancrures de la caisse de résonance. Il pensa à Julia ; involontairement, son seul œil ouvert se ferma peu à peu.

Sa sœur était rentrée peu après. Peut-être Franco l'avait-il appelée ; peu importait. Il les entendit parler dans l'entrée. Il entendit Julia élever la voix, puis Franco, puis les deux en même temps, comme s'il y avait eu un point d'indignation qui leur aurait permis de se rejoindre en terrain neutre. Ensuite, Julia entra dans le salon où Hugo se tenait assis très droit, la chemise maculée par le sang qui coulait de sa bouche. Il entendit son beau-frère marcher lourdement à travers le couloir ; il venait probablement du studio, où les photos de lui – ou de Stockman, puisque cela revenait au même – devaient être définitivement perdues. Julia était splendide. Elle avait une queue de cheval et portait un ensemble noir qui soulignait son élégance, en dépit de sa grossesse. Il y avait pourtant de la fureur dans son regard. Quand elle vit dans quel état se trouvait Hugo, cette fureur se transforma en douleur. Elle fit demi-tour et revint avec des glaçons et un torchon humide. Elle disposa le tout sur la table devant son frère, qui resta sans bouger. Il prenait plaisir à sentir le goût du sang dans sa bouche. Julia se mit à faire les cent pas, en disant que c'était grave, ce qu'il venait de faire. Son visage de plus en plus rouge, ses gestes de plus en plus emportés.

À vrai dire, il redoutait plus sa sœur que vingt beaux-frères réunis. Franco était une brute épaisse, mais Hugo était persuadé qu'il ne l'avait frappé que parce qu'il avait pénétré dans son espace privé : sa maison, son studio. Alors que Julia lui parlait de Mateus, qui dormait toujours dans la chambre du fond, ignorant tout de ce qui se passait. Et Mateus occupait une place spéciale dans le cœur de Hugo. Les mots de Julia, par lesquels elle l'accusait de déstabiliser la famille et de mettre un enfant, âgé de cinq ans seulement, dans la terrible position de voir une personne disparaître de sa vie – Dulcineia, celle qu'il voyait tous les jours –, d'énerver son mari au point de le faire exploser et de l'énerver elle aussi, alors qu'elle était enceinte : ces mots-là lui firent mal. Au point que, sans s'en apercevoir, il se mit à pleurer. Les larmes commencèrent à couler, à se mêler de sang, pour se transformer en un liquide souillé.

Il essaya de parler, de s'expliquer. Il parla de Stockman et du concert. Il lui parla de ce jumeau qui n'était pas mort. Il lui parla des photos que Franco avait prises sur lesquelles il avait découvert un autre homme, qui le regardait avec bienveillance. Tout cela lui venait dans un grand désordre, les mots sens dessus dessous, ravalés par une douleur impossible à localiser, sans rapport avec le choc de son visage contre le sol ni avec l'œil au beurre noir que lui avait fait Franco. Il vit Julia s'asseoir face à lui, les yeux clos, secouant légèrement la tête ; il vit sa sœur jumelle verser une larme, aussitôt essuyée du revers de la main. Ensuite, il l'entendit déclarer que, pour le bien de tous – pour celui de sa famille comme pour le sien –, la seule solution après ce désastre, c'était que Hugo se tienne à distance. D'elle, de Franco et de Mateus. Surtout de Mateus.

Il se tourna sur le côté et pressa l'oreiller contre lui, le serra tellement qu'il cessa de sentir sa respiration. Il finit par s'endormir au point du jour, tandis qu'un pigeon solitaire roucoulait plaintivement sur le bord de la fenêtre.

Fou de solitude.

La rue où vivait Anabela était tranquille et bien entretenue, avec une enfilade d'arbres le long du trottoir et des immeubles bordant un petit parc coquettement aménagé, où une vieille dame tenait un étal de fruits. Hugo lui acheta une orange et alla s'asseoir sur un banc. Il l'éplucha lentement. Il avait l'impression dernièrement (depuis combien de temps, au juste ?) de ne rien faire d'autre que de s'asseoir sur des bancs publics pour regarder le temps passer. La voix d'Anabela lui avait plu au téléphone. Il avait retrouvé le chèque dans la poche de sa veste, tout froissé, revêtu de la signature tortueuse de sa mère qui lui rappela l'époque lointaine où, bien souvent, il imitait son écriture pour se faire des mots d'absence.

Il mangea son orange et jeta les pelures dans une poubelle. Il remarqua en se levant qu'il s'était mis du jus sur sa chemise. Il contourna le parc, puis sonna à l'interphone d'un immeuble de trois étages. La gâche se libéra dans un bourdonnement. Il monta les escaliers et s'arrêta devant une porte où on pouvait lire : *Anabela Baptista*. La porte s'ouvrit avant même qu'il eût frappé. Apparut devant lui une femme maigre à la chevelure ample et lumineuse, avec des yeux très verts, soulignés par du rimmel noir et de longs cils. Elle lui sourit ; Hugo essaya de faire de même, mais ne parvint qu'à grimacer tel un agonisant.

Anabela l'invita à entrer. Ils traversèrent une pièce pour gagner un petit bureau des plus dépouillés. Il y avait là deux fauteuils face à face ; un bureau ; derrière celui-ci, une affiche annonçant la première du film *Amarcord* en Italie, en 1973. Il observa le corps d'Anabela tandis qu'elle passait derrière le bureau pour prendre un réveil dans un tiroir. Elle avait un buste très maigre, des hanches extrêmement étroites et semblait ne pas avoir de fesses. Elle lui souriait toujours, comme si la contemplation du visage de Hugo suffisait à la mettre en joie.

"C'est avec ça que vous comptez m'hypnotiser ?"

Anabela éclata de rire et s'assit dans le fauteuil, jambes croisées. Elle posa le réveil sur l'accoudoir.

"C'est juste pour savoir l'heure. Je n'ai pas de montre." Elle avait une belle voix apaisante. S'il fermait les yeux et se contentait de l'écouter, il se laisserait hypnotiser sans lui opposer la moindre résistance.

"Votre mère m'avait prévenue que vous alliez venir me voir. Ça vous a pris un certain temps.

— J'ai un très mauvais sens de l'orientation."

Anabela effaça son sourire et le fixa avec intérêt.

"En quoi puis-je vous aider ?

— Vous ne le pouvez pas.

— Je vais poser la question autrement, alors : qu'est-ce qui vous amène ?"

Hugo la regarda dans les yeux, tout en sentant son propre visage se décomposer de tristesse.

"Je vois des fantômes, en ce moment. Ou alors je suis moi-même un fantôme. Je ne sais pas."

Il y eut un moment de silence. Anabela semblait chercher une façon de répondre à sa sortie.

“Votre mère m’a parlé de problèmes avec l’alcool.

— Si c’était le cas, je serais plutôt allé voir les Alcooliques anonymes.

— Alors que vous avez préféré venir ici.

— Oui.

— Qu’est-ce qui vous laisse penser que je peux vous aider ?

— Je ne sais pas si vous pouvez m’aider. Mais si vous arriviez à m’hypnotiser pour le restant de mes jours, ce serait déjà pas mal.”

Elle toussota et changea de position. Elle sembla subitement un tant soit peu mal à l’aise, comme s’il venait d’énoncer une équation impossible à résoudre.

“Les fantômes ne sont rien d’autre que des multiplications de nous-mêmes, projetées dans d’autres directions.

— C’est possible, en effet, répondit Hugo.

— Ils n’existent pas, en vérité. Ils n’ont pas de réalité.

— Moi, je leur trouve plutôt une grande réalité.

— Qu’appelez-vous « fantômes », au juste ? demanda-t-elle, en se penchant en avant.

— Une personne qui ne devait pas – ou plutôt qui ne *pouvait* pas – exister, et qui existe.

— Qui est cette personne ?

— Mon frère jumeau.”

Anabela fronça les sourcils.

“Je croyais que vous aviez une sœur jumelle.

— On était trois à la naissance.

— Et que s’est-il passé ?”

Hugo le lui raconta. Anabela prit une expression à mi-chemin entre la compassion et la retenue professionnelle.

“Et vous me dites qu’il vous apparaît comme un fantôme. Ces apparitions ont lieu pendant les rêves, par exemple ?”

Hugo partit d’un éclat de rire, qui s’interrompit aussitôt.

“Ces apparitions peuvent se produire n’importe où. Ça pourrait être ici même. La personne dont je parle est vivante. On ne peut plus vivante. Elle s’appelle Luís Stockman. Nous sommes à la fois exactement les mêmes et complètement différents. Il a tout ce que je n’ai pas et, par-dessus le marché, il m’a volé la seule chose qui m’appartenait.

— Ce nom me dit quelque chose. Stockman.

— Le pianiste.

— Ah.”

Anabela avait l’air de plus en plus troublée. La lumière du matin entrait à plein dans le cabinet de consultation et venait frapper l’affiche d’*Amarcord*, dont les coins s’étaient écornés avec le temps. Elle se leva, gagna la fenêtre pour baisser les stores, puis se rassit. Hugo lui raconta tout : la première fois qu’il avait vu Stockman ; sa composition originale que Stockman avait jouée au Colisée ; leur altercation dans le club de jazz ; les lunettes qu’il portait désormais et les photos trouvées chez Julia.

“Je ne vous demande pas de faire de la magie, dit-il pour conclure, le buste penché en avant, les coudes posés sur les genoux. Je ne vous demande pas de m’expliquer ce qui se passe. Je vous demande de m’hypnotiser pour pouvoir oublier tout ça. Pour pouvoir l’oublier, lui.”

Anabela, les doigts croisés, semblait pensive. Hugo se dit qu’elle avait certainement déjà décidé que le mieux était d’appeler un psychiatre, voire la police.

“Je crois, répondit Anabela, que ce qu’il faut faire, c’est aller à la racine du problème.

— Et quelle est la racine du problème ?

— Cette composition qui vous aurait été volée par Luís Stockman.

— Ce morceau est à moi, lui assura-t-il, révolté. Stockman lui-même a évacué le sujet lors de notre dispute. Il n’a répondu que de manière évasive. Il a menti.

— Il y a combien de temps que vous avez commencé à le composer ?”

Hugo fouilla dans sa mémoire et tâcha de se rappeler à quand remontait ce jour où il s’était arrêté au coin d’une rue du Vieux-Port de Montréal : impossible de le dire précisément.

“Plusieurs années, déjà.

— Et pour quelle raison ne l’avez-vous jamais terminé ?

— Parce qu’il a changé au fil du temps. Y compris de nom.

— Comment s’appelle-t-il à présent ?”

Hugo hésita.

“*Dulcineia*.

— Et vous ne trouvez pas ça étrange que cette composition ait changé tant de fois au long de ces années ?

— Pourquoi ça, étrange ?

— Ce n’est qu’une hypothèse, répondit Anabela en se reculant contre le dossier de son fauteuil, le regard empli de douceur, mais cette composition est peut-être si malléable qu’elle pourrait ressembler à n’importe quelle autre.”

Hugo sourit d’un air sarcastique.

“Vous êtes en train de me dire que ce soir-là, au Colisée, je n’ai entendu que ce que je voulais entendre ?”

Anabela ne répondit pas. En revanche, elle se leva et alla tirer encore un peu plus les stores. Le bureau était maintenant plongé dans une obscurité quasi complète. Elle se rassit et lui demanda de fermer les yeux. Puis elle se mit à lui poser des questions, triviales en apparence, sur son enfance. Elle lui demanda de s'imaginer dans différentes situations : avec sa sœur, avec ses parents, ses camarades de classe. Ils firent un bond dans le temps et se posèrent à Montréal. La voix d'Anabela lui semblait de plus en plus distante et, malgré tout, il avait l'impression qu'elle lui chuchotait à l'oreille. La température paraissait avoir monté dans le bureau, ou peut-être était-ce celle de son corps : ses membres s'alourdissaient sous l'effet d'une chaleur à laquelle il s'abandonnait.

Il s'imagina dans le Bistro à Jojo, adossé au mur, tenant la contrebasse qui lui caressait la jambe gauche, la caisse de résonance se balançant doucement contre son ventre. Il imagina Édouard à sa gauche, le visage penché sur les touches du piano, et à travers les carreaux, décorés de guirlandes lumineuses entrelacées comme des cordes jetées sur le pont d'un bateau, il vit que la neige tombait et commençait à recouvrir le trottoir. Il n'entendait plus Anabela. Ce qu'il entendait, c'était sa propre voix, dissimulée dans celle, plus aiguë, d'une femme ; et il se disait que, s'il se trouvait rue Saint-Denis, il pouvait aussi sortir du bar et rejoindre l'endroit où se croisent les rues Saint-Paul et Saint-Sulpice, afin de chercher d'où venait cette voix qui chantait un vieil air français, peut-être *La Mer* ou *Clair de lune*. Il s'imagina marchant dans les rues verglacées. Il s'accroupit au bord du trottoir et de sa main nue ramassa un peu de neige qu'il laissa fondre entre ses doigts. Il n'avait pas froid. Il marcha lentement : il n'était pas loin.

Il parcourut la rue Saint-Denis, en observant les passants : ils étaient pareils à des statues, définitivement figés dans une ultime pose – certains la bouche ouverte au milieu d'une phrase, un homme enfilant une laisse à un chien muet à jamais, une fille cherchant quelque chose dans un cartable. Il imagina qu'il prenait sur sa gauche dans la rue Notre-Dame et qu'il descendait jusqu'au Vieux-Port. Il connaissait ces rues comme sa poche, il aurait pu les traverser les yeux fermés. C'est d'ailleurs ce qu'il faisait. Il aperçut le pont Jacques-Cartier et le lac gelé, qui semblait vouloir faire remonter de ses profondeurs tout son passé, retenu prisonnier sous une infranchissable couche blanche. Pas à pas, il s'approchait du coin de la rue. Il s'était arrêté de neiger. Quelques flocons, les derniers, descendaient du ciel avec la lenteur des plumes les plus légères.

C'est alors qu'il le vit. De l'autre côté du carrefour, arrivant en sens inverse, un homme approchait. Il pouvait entendre la fille qui chantait, même si le son ne lui parvenait qu'en échos déformés.

Ils parvinrent au carrefour exactement au même moment. De l'autre côté de la rue se trouvait quelqu'un de pareil à lui. Il l'observa, d'abord sans savoir quoi penser ; ensuite, il s'avança lentement jusqu'au milieu du carrefour, où ils allaient se rencontrer. L'autre l'imita. L'expression qu'il lut sur son visage, cependant, l'effraya. Si c'était avec lui-même qu'il avait rendez-vous, pourquoi son autre moitié avait-elle la face d'un démon, arrogant et machiavélique ? Pourquoi le fixait-elle ainsi, en attendant le moment de se toucher, d'unir ce qui avait été séparé depuis l'instant primordial ? La chanson se transforma alors en un bruit strident, insupportable ; pris de panique, il recula d'un pas tandis que l'autre continuait dans sa direction – il recula encore, puis se retourna et s'enfuit, sans rien trouver d'autre devant lui que le néant.

Il remonta à la surface comme un homme en passe de se noyer. Ses vêtements étaient trempés de sueur. Anabela l'observait avec un air très préoccupé – peut-être même horrifié, songea Hugo. Il s'extirpa de son fauteuil et, sans dire un mot, se précipita vers la sortie.

Il ne ferma pas l'œil de la nuit, fit les cent pas dans sa mansarde. À cinq heures du matin, un voisin, en pantoufles et robe de chambre, vint frapper à sa porte à grands coups. Quand Hugo lui ouvrit, l'homme eut un mouvement de recul. Il lui demanda, avec une extrême délicatesse vu l'heure qu'il était, s'il pouvait arrêter de marcher dans tous les sens : sa femme et lui, ainsi que leur bébé qui n'avait que quelques mois, n'arrivaient pas à dormir.

"Je croyais que l'immeuble était inhabité", répondit Hugo avant de refermer la porte.

Il se regarda dans le miroir dans sa petite salle de bains et comprit aussitôt l'hésitation du voisin. Il avait encore l'œil tuméfié et ne s'était pas lavé les cheveux depuis une éternité : ils étaient tout ébouriffés et ressemblaient à des vagues menaçantes. Il avait une barbe de trois jours, plus fournie d'un côté que de l'autre ; des cernes profonds lui descendaient inexorablement sur le visage, comme s'il était mort brièvement et que quelqu'un était venu le sortir de sa fosse. Il se dit que c'était le visage d'un homme extrêmement tourmenté mais, malgré tout, pas celui d'un homme mauvais ;

ce n'était pas le visage qu'il avait vu à ce carrefour, cette face moqueuse, son portrait déformé comme dans une glace de fête foraine.

Ignorant la demande de son voisin, il se remit à faire les cent pas dans son minuscule appartement en se rappelant les paroles de Dulcineia, mais aussi celles de sa mère. Elle lui avait dit que Dieu n'avait pas voulu qu'il y en ait deux comme lui en ce bas monde. Il avait pourtant le sentiment que c'était précisément le contraire : Dieu l'avait envoyé dans ce monde pour qu'il y rencontre l'autre moitié de lui-même, celui qui régnait déguisé en pianiste mais avec pour mission de ruiner son existence. Dulcineia, quant à elle – la femme avec qui il avait fait l'amour dans un lit qui n'appartenait ni à l'un ni à l'autre –, lui avait dit que Dieu était à ses côtés même quand il se croyait abandonné. Elle a raison, pensa-t-il ; il se sentait capable de quelque chose, maintenant qu'il avait tout perdu. Il découvrait au fond de lui-même des forces insoupçonnées, des forces qui n'avaient rien d'humain et lui étaient offertes comme un don.

Par terre, Nutella s'était peu à peu couverte de poussière ; l'humidité de la mansarde commençait à faire des dégâts, et la caisse de résonance, déjà bien abîmée, laissait voir de nouvelles fissures. Il s'assit tranquillement à côté de la contrebasse. Il passa un bras par-dessus, comme s'il tentait de lui communiquer sa douleur et son espoir. Voilà l'ami qui lui restait. C'était un ami en bois, sans visage ni pulsation ; seulement, contrairement à presque tous les autres, Nutella était incapable de lui mentir. Ses cordes et sa touche disaient toujours la vérité qui se trouvait au bout de ses doigts. Il n'avait pas envie de jouer ; il était peut-être même incapable de le faire. Il avait juste envie de serrer l'instrument contre lui et de ne plus bouger, de le protéger, de le regarder en train de se fossiliser, jour après jour, dans son état primordial de chose inanimée.

Fou de solitude.

Il dormit plusieurs jours par terre, sans savoir combien exactement. Il se rendit compte qu'il était mieux couché à côté de la contrebasse que dans son lit. La lumière pénétrait moins à cet endroit, plus éloigné de la fenêtre, et les bruits de la rue semblaient plus distants et plus fugaces. Au début, il avait mal au dos à cause de la dureté du parquet. Il s'aperçut une fois ou deux qu'il s'était planté une écharde dans le pied ou la main. Il se levait, allait dans la salle de bains, extrayait l'écharde avec ses ongles crasseux après avoir pressé, trituré la chair gorgée de sang. Puis il regagnait sa place à côté de Nutella, se lovait tout contre, recroquevillé comme un enfant dans le ventre de sa mère, ses mains jointes faisant office d'oreiller.

Il s'écoula ainsi une longue période. Seule indication que la vie suivait son cours, la lumière allait et venait. La nuit succédait au jour et le jour à la nuit, invariable et inquiétante métrique du temps. Il rêva bien des fois de ce que lui avait indiqué Anabela, la *racine* du problème. L'origine. Le moment où il avait découvert, au fond de lui-même, la composition que l'autre revendiquerait comme sienne. L'autre se serait-il toujours trouvé là ? À ses côtés, souriant, retors, dans l'attente du moment opportun pour se montrer ? Serait-ce le visage de Stockman qu'il apercevrait s'il arrivait à tourner la tête à une vitesse impossible, ou à se voir depuis l'extérieur, l'autre penché sur son épaule, attendant patiemment ? Une ombre au coin de la rue, le poursuivant, son alter ego et son contraire, son double et son revers ?

Le temps passa, encore et encore. Une fois de plus, il ne sut combien exactement. Un matin, il se réveilla après un long sommeil peuplé de fantômes. Il avait de nouveau fait le même rêve et, au moment où il se réveilla, il put encore voir, imprimée sur ses paupières, l'image d'un homme s'éloignant lentement, le dos courbé, dans une tempête de neige. Une forme d'inquiétude, ou de légère terreur, le fit se lever aussitôt. Il sut ce qu'il devait faire. Il lui fallait découvrir où vivait Stockman et, au sein même de son repaire, chercher la partition de *Dulcineia*. S'il mettait la main dessus, il saurait deux choses : premièrement, que son double n'avait pas improvisé la mélodie ; deuxièmement, qu'il existait quelque part un document sur lequel était consignée sa seule œuvre, que lui avait volée une créature au service du Mal.

Il ne sortait plus que pour aller acheter le journal et quelques plats à emporter dans le restaurant en face de son immeuble. Il donnait de la menue monnaie au vendeur ambulant et, quand il achetait du pain, en jetait des morceaux sur le trottoir où se réunissaient les pigeons, ces éternels crève-la-faim. Il mangeait peu et épluchait quotidiennement le journal à la recherche de Stockman. Il s'écoula des semaines, lui sembla-t-il, sans qu'il trouve quoi que ce soit. C'était comme si le pianiste, informé de sa colère, avait disparu de ce monde pour se terrer dans un trou et attendre. Un jour, cependant, alors qu'il examinait minutieusement les annonces de concerts, il tomba enfin sur son nom. Ce n'était pas pour un concert de Stockman, ni même pour une participation spéciale au spectacle d'un autre artiste ; c'était pour une conférence sur la musique improvisée qui aurait lieu dans un ancien musée de la vieille ville. À la lecture de ces quelques lignes, Hugo sentit un frémissement incontrôlable : ses mains se mirent à trembler et il laissa tomber les pages de son journal, qui s'éparpillèrent au sol. L'apparition publique de Stockman était prévue pour le lendemain.

Cette nuit-là, il ne put trouver le sommeil. Il resta près de Nutella, respirant tout bas, essayant de calmer, avec les bruits de la nuit, les voix qui sans répit résonnaient dans sa tête. Combien de temps s'était écoulé depuis son installation dans cette mansarde ? Des semaines, voire des mois, mais combien au juste ? Par curiosité, il regarda sur la une du journal : 13 mai. Il se mit à rire tout seul en songeant que, si cette date était la bonne, il ne lui avait fallu que trois mois, depuis son arrivée à Lisbonne, pour découvrir qui il était. Il rit encore en formulant l'hypothèse que c'était peut-être le 13 mai, mais de l'année suivante. Ce serait mieux ainsi, pensa-t-il. S'il s'était écoulé un an de plus, Julia lui aurait peut-être pardonné. Mateus serait un an plus vieux, encore plus ravissant, ses bouclettes descendant en spirales le long du cou. Peut-être auraient-ils également pardonné à Dulcineia. Pendant une seconde, il s'imagina tout au bonheur de retourner chez sa sœur et de serrer l'enfant dans ses bras. S'il s'était écoulé un an de plus, lui-même aurait peut-être oublié ; ou, qui sait, trouvé la force d'ignorer la cruelle vérité : son autre moitié l'avait spolié et du même coup relégué aux marges de la vie.

Le lendemain, il attendit que le vendeur ambulant remballe tout sur son chariot et descende la rue en sifflotant. Il attendit que le restaurant, de l'autre côté de la rue, allume ses lumières. Il savait qu'il serait alors l'heure de partir. Il descendit les escaliers et se mit en chemin, dans la nuit douce, chaude et sans nuages. Il longea le fleuve, en bras de chemise, avec un pantalon délavé et une paire de chaussures qu'il mettait depuis des années ; ses cheveux ébouriffés et son allure négligée lui valaient des regards en coin des passants. Il s'en fichait. Il croisa une joggeuse ; de l'autre côté de la rue, une file indienne d'adolescents chantait, bouteilles de bière à la main. Il mit du temps à parvenir jusqu'au musée. Il savait où il se trouvait, mais choisit volontairement l'itinéraire le plus long, multipliant inutilement les zigzags, comme s'il cherchait à retarder l'inévitable rencontre avec son destin.

Il finit par apercevoir le musée, accroché au flanc d'une colline avec vue sur le fleuve. De nombreuses voitures étaient garées devant l'entrée ; les réverbères du jardin éclairaient la façade ; un escalier conduisait à un perron flanqué de deux colonnes en marbre, surmontées d'une nymphe et d'un homme mélancolique. Il décida de ne pas entrer. Il s'assit au pied d'un arbre pas trop éloigné, derrière un massif, et resta à contempler la façade du bâtiment. En contrebas, on entendait passer les voitures sur l'avenue qui longeait le fleuve. Il alluma une cigarette en piteux état retrouvée dans une poche de son pantalon et attendit. Il fuma sa cigarette jusqu'au bout, puis écrasa le mégot dans le gazon. Un coup de vent fit venir à lui tous les arômes de la saison. Il s'aperçut pour la première fois que c'était le printemps et que l'odeur métallique et neutre de l'hiver avait disparu. Il arracha une touffe d'herbe et la huma les yeux clos ; puis il repéra une fleur jaune et se pencha pour sentir son parfum. La terre semblait animée d'une vie nouvelle ; pour autant, la conscience du passage du temps le plongea dans une profonde tristesse.

La lune était déjà haut dans le ciel quand il vit les gens sortir du musée. Certains s'arrêtèrent pour allumer une cigarette, d'autres entamèrent une discussion dans les escaliers. À cette distance, il lui était impossible de comprendre ce qu'ils se disaient, mais il prenait plaisir à écouter le murmure des voix et le bruit du vent dans la cime de l'arbre. Soudain il l'aperçut. Il sortait seul. Hugo sentit son cœur s'accélérer. Il se leva, se tint caché derrière le tronc de l'arbre et se rendit compte qu'il n'avait pas réfléchi à l'étape suivante – en réalité, il était venu jusqu'ici en espérant ne pas rencontrer Stockman : par un manque de chance bienvenu, celui-ci serait sorti par la porte de derrière ou aurait été empêché de participer à la conférence. Mais non, il était bel et bien là, manteau noir, chemise et cravate, une serviette dans la main gauche, et traversait le petit parking. *Il doit être gaucher*, pensa Hugo. *Et moi je suis droitier*.

Il crut un instant que Stockman allait monter dans une voiture ; mais le pianiste contourna les véhicules et rejoignit le trottoir pour commencer à descendre la rue. Hugo quitta sa cachette et, prudemment, à une distance raisonnable, se mit à le suivre. Il imaginait déjà à quoi devait ressembler la maison de son frère jumeau – si c'était bien chez lui qu'il rentrait. Dans son esprit, Stockman devait vivre dans un corridor interminable, partant de la porte d'entrée et se prolongeant jusqu'au fin fond de l'éternité, avec de chaque côté des étagères si hautes qu'on ne pouvait en distinguer le sommet, chargées de volumes alignés à perte de vue et contenant tout ce qu'il lui avait volé pendant quarante ans : chaque pensée, chaque sensation, chaque note, un archivage sans limites qui ne s'achèverait qu'avec sa propre disparition – le moment où il finirait par perdre le peu qui lui restait : son visage, son corps, sa présence physique.

À cette idée, un frisson lui parcourut l'échine, il sentit soudain ses jambes flageoler et fut pris de la même panique qu'en voyant la photo de son double dans le studio de Franco. Il inspira profondément et tenta de se maîtriser. Après quelques minutes, Stockman prit sur sa gauche dans une rue pentue et ils se retrouvèrent soudain dans un quartier résidentiel, sans circulation, aux maisons cossues. Il se figea subitement quand il s'aperçut qu'il n'y avait que Stockman et lui dans cette rue ; le bruit de ses pas allait certainement attirer l'attention du pianiste. Il attendit derrière une jeep garée le long du trottoir jusqu'à ce que Stockman rentre chez lui. Il essaya de compter les secondes ; quand il estima que deux ou trois minutes s'étaient écoulées, il s'écarta de la voiture, traversa la rue, et, après avoir monté une volée de marches, se trouva devant la porte d'entrée.

Il n'y avait qu'une sonnette, ce qui signifiait que Stockman était le seul habitant de la maison. Il jeta un œil sur les côtés de la bâtisse : apparemment, il n'y avait pas d'autre entrée. L'édifice ne comptait que deux étages ; au-dessus de sa tête, deux portes-fenêtres s'ouvraient sur un balcon. Hugo venait de décider, maintenant qu'il connaissait l'adresse, qu'il reviendrait le lendemain quand il remarqua que la porte était restée ouverte. Ou plutôt entrouverte, gentiment appuyée contre la gâche, comme si elle l'invitait implicitement à entrer. Ce qui ne laissa pas de l'inquiéter. Stockman s'était-il aperçu de sa présence ? Il l'attendait peut-être à l'intérieur, un vase entre les mains, prêt à lui asséner un coup bien ajusté sur le crâne.

Il recula d'un pas. Puis, incapable de se retenir, il poussa légèrement la porte, qui s'ouvrit sur un couloir obscur. Son cœur s'emballa, comme en pleine crise de tachycardie. Il entra et referma derrière lui sans faire de bruit. Il se sentit comme prisonnier du silence ; tout ce qu'il arrivait à entendre, c'étaient ses battements cardiaques, son sang pulsant dans ses veines, affolé. Il fit un pas dans le noir, puis un autre. Progressant à tâtons, il comprit qu'il se trouvait dans un petit vestibule quand il sentit, sur sa gauche, une veste accrochée à une patère. Aussitôt après, ses doigts tombèrent sur une autre porte. Celle-ci sera fermée, se dit-il. Mais il actionna lentement la poignée sans rencontrer de résistance.

La porte s'ouvrait sur une vaste pièce éclairée par la lune qui, derrière de hautes fenêtres, flottait dans le ciel noir – cercle quasi parfait, teinté de jaune. Sur sa droite, il distinguait vaguement les contours d'un comptoir de cuisine ; sur sa gauche, un piano à queue, non loin d'une fenêtre. Au centre, un long canapé, un pupitre et une table basse couverte de livres. C'était une pièce très dépouillée, à la décoration minimaliste, aussi froide que Stockman lui-même. Dans le fond, derrière le piano, il y avait un autre couloir. Pas à pas, il longea le comptoir de la cuisine et remarqua un support à couteaux en métal brillant à côté d'une planche à découper. Comme dans un rêve, il vit son propre bras s'étendre et sa main saisir un des couteaux, dont le fil glissa dans la fente avec un sifflement. Il était lourd et long ; sa lame scintilla sous la lumière spectrale de la nuit.

Il s'agenouilla devant la table basse et fouina parmi les livres. Il ne trouva rien. Il s'approcha alors du piano et découvrit sur le pupitre deux cahiers de musique. Il les posa sur la queue du piano et les ouvrit : ils étaient vides. Il n'y avait pas une seule note, rien que des portées et la clef de *sol* imprimée au début de chaque ligne numérotée. Il referma les cahiers et les reposa sur le pupitre. Il marqua une pause, tendit l'oreille. La maison semblait déserte, alors qu'il savait que Stockman était entré peu auparavant. Il se risqua ensuite dans le couloir, au fond duquel se trouvait une autre porte. Sur le côté gauche, une bibliothèque plutôt étroite, qui montait presque jusqu'au plafond, remplie de cahiers identiques à ceux qui se trouvaient sur le piano : la couverture bleu ciel, les pages douces au toucher. Il posa le couteau et commença par l'étagère du bas, au ras du sol. Il ouvrit un cahier, puis un autre, puis encore un autre, en les empilant à côté de lui dans le plus grand désordre. Les cahiers étaient tous vierges. La clef de *sol*, les portées, les numéros. Et pas la moindre note. Il monta, passant en revue la deuxième étagère, la troisième, la cinquième, la septième. Il ouvrit des dizaines de cahiers, tous vides. Nulle trace de *Dulcineia*, mais nulle trace non plus d'aucune autre composition.

En sueur, il regarda les cahiers éparpillés au sol, attestant l'échec de son entreprise. À côté, le couteau lui souriait. Il le ramassa et avança dans le couloir. Dans le fond, là où n'arrivait plus la lumière des fenêtres, l'obscurité se faisait plus épaisse. Il sentit à travers la porte la présence de Stockman. Il empoigna le couteau avec encore plus de force, serra les doigts. Puis il tourna la poignée et ouvrit la porte.

C'était une chambre à coucher. Au centre, un lit à deux places ; à côté, une chaise sur laquelle étaient posés une chemise, un pantalon et une cravate. À droite, une fenêtre, les rideaux à demi fermés. Avec cette lumière bleutée qui glissait à la surface des choses, la pièce ressemblait au fond d'une piscine. Il crut d'abord que le lit était vide ; puis il s'aperçut que Stockman était bien là, allongé, la couverture tirée sous le menton. Hugo retint sa respiration quelques secondes. Il s'approcha tout doucement, le parquet grinçait imperceptiblement sous ses pas. Le pianiste dormait, paisible, sur le dos, sans faire le moindre bruit. On aurait dit qu'il était mort. Il s'approcha du lit le plus possible, mit sa main gauche au-dessus de la bouche entrouverte de Stockman et sentit son haleine chaude.

C'est alors qu'il comprit ce qu'il était venu faire en ces lieux. Cela lui apparut comme une évidence, une chose cachée depuis trop longtemps et qui, maintenant seulement, alors que sa vie était dans l'impasse, lui était révélée dans cette lumière blafarde. Il s'assit sur le lit, ému, tâcha de ne pas réveiller son frère jumeau. Il le regardait, attendri – son semblable, son contraire, qu'il n'avait presque pas connu mais qu'il connaissait pourtant depuis des temps immémoriaux, antérieurs à leur naissance, puisqu'ils avaient partagé l'origine du monde et le chaos universel. Il passa le revers de sa main sur son visage, sentant les poils qui repoussaient et la fine pellicule de sueur que provoque toujours le sommeil.

Lentement, avec autant de soin que pour tenir un fil à plomb, il pointa son couteau vers la gorge de Stockman. Il inspira profondément et ferma les yeux. Ensuite, comme s'il avait déjà fait ce geste bien des fois, il porta le coup fatal, de la gauche vers la droite. Quand il sortit de la chambre et referma la porte derrière lui, les draps étaient déjà trempés de sang, rouge sombre.

Il avait la nuit devant lui. Toute la nuit.

Il monta les escaliers en prenant garde de ne pas réveiller le voisin. Il faisait chaud dans la mansarde, si bien que Hugo enleva sa chemise et son pantalon. En slip et chaussettes, il chercha son cahier de musique dans l'étui de Nutella. Il le feuilleta et arracha, une à une, les feuilles qui étaient encore vierges. Il n'y en avait pas beaucoup, mais cela suffirait. Il ouvrit la fenêtre pour laisser entrer un peu de fraîcheur et alla s'asseoir à la table qui se trouvait au milieu de l'appartement. Il mit ses feuilles en pile sur sa droite, prit la première et commença à écrire.

Il ne savait par où commencer ; c'est pourquoi il commença par la fin. Puis il progressa à rebours, sa mémoire bondissant de tous côtés, atterrissant çà et là à son insu, tandis que son stylo noircissait sans répit les pages les unes après les autres, multipliant les pâtés sur les portées et les clefs de *sol*. Il chercha surtout à écrire la vérité : la vérité sur Stockman, sur lui-même, sur la composition volée. Il écrivit la vérité sur son frère jumeau qu'il croyait mort, la vérité sur sa famille et, à la fin, comme un adieu, il griffonna les notes d'une composition perdue en lui depuis une éternité. Quand il eut terminé, il entendit, au dehors, les mouettes sangloter ; un coq chantait dans le matin naissant. Il se leva, gagna la salle de bains. Il revint avec le bidon de produit pour déboucher les canalisations. Il alluma le lecteur de CD et mit les fugues de Bach. Il souleva la contrebasse pour la poser près de la fenêtre. Elle lui sembla beaucoup plus lourde qu'avant. Les toiles d'araignée se tendirent avant de céder, il traîna l'instrument sans même sortir la pique et la caisse de résonance se plaignit d'être ainsi malmenée. Il sentit des larmes lui monter aux yeux, sous l'effet d'un étrange bonheur. Puis il regarda la lune, qui commençait à disparaître dans le ciel, et les toits de la ville. Dans un de ces immeubles, au loin, il imagina Mateus en train de dormir à poings fermés, dans la quiétude de l'enfance. Il dévissa le bouchon du bidon et le but en entier. La dernière chose qu'il entendit, ce fut la musique, dont les notes, en cascade, se précipitaient vers l'abîme. La dernière chose qu'il vit, les yeux clos, ce fut l'homme qui s'éloignait, perdu, au milieu d'une tempête de neige, tandis qu'il laissait au temps le soin d'accomplir son travail.

SECONDE PARTIE

Ces douze dernières années, je fus très proche de Luís Stockman. J'oserai même dire que je fus son meilleur ami – ou peut-être l'ami à qui il fit le plus confiance, surtout après le voyage. Son histoire est compliquée, pleine d'épisodes étranges. Je fis la connaissance de Stockman à l'époque de la parution de mon premier roman. On s'apprêtait à changer de siècle et nous venions tous deux de passer le cap de la trentaine sans avoir jamais rien réalisé qui pût réellement faire notre fierté. J'écrivais des nouvelles et des critiques pour des revues littéraires et travaillais occasionnellement comme journaliste. Lui, avec un talent encore à l'état à brut qui n'avait pas eu l'occasion de s'épanouir, enseignait la musique à des étudiants sans grandes ambitions et, de temps en temps, jouait dans des formations de jazz quand elles avaient besoin d'un pianiste. Nous étions jeunes et pleins d'espoir. Espoir de quoi ? Je me le demande. Peut-être avions-nous la certitude – magnifique caractéristique de la jeunesse – que jamais nos vies ne seraient triviales, que la grandeur nous était promise, sans savoir que toute grandeur a son pendant de misère.

Je fis sa connaissance par l'intermédiaire d'une ancienne petite amie. Nous n'avions eu qu'une brève relation, mais nous étions restés en bons termes et, quelques mois après notre rupture, elle me présenta Luís Stockman, qu'elle fréquentait alors et dont elle était profondément amoureuse. Mes premières impressions concernant Stockman furent pour le moins mitigées. J'étais peut-être encore en proie à une forme de jalousie puérile qui, même plusieurs mois après la fin d'une relation, continue d'empoisonner nos jugements ; je ne sais pas. Pourtant, Stockman me parut timide, voire taciturne ; c'était un type fluet, grand et dégingandé, manquant de confiance en lui, que tout semblait désespérément promettre à l'échec. Coïncidence étonnante, j'appris quelque temps plus tard, lorsque nous nous retrouvâmes dans un café pour notre première véritable conversation, que je lui avais fait exactement la même impression : j'avais l'air de quelqu'un d'abattu, d'introspectif, sans rien à dire d'extraordinaire et bien trop nombriliste pour pouvoir apprécier la compagnie d'autrui.

La première idée que je m'étais faite de lui était complètement erronée ; celle qu'il s'était faite de moi était peut-être juste. Nous commençâmes à nous voir assez régulièrement. Peu de temps après, Stockman se retrouva de nouveau seul, et moi aussi ; nous avions quasiment le même âge, les mêmes goûts – pour les livres, la musique, les femmes – et, apanage d'une certaine génération, une paresse infinie m'envahissait à l'idée de devoir me mettre au travail pour atteindre ce que je voulais et je crus, à tort, qu'il en allait de même pour lui. Nous passions des après-midi et des soirées à palabrer, presque toujours en buvant du vin bon marché, jusqu'au moment où nous n'arrivions plus à formuler une seule phrase correctement. À ce stade, Stockman enlevait ses lunettes et commençait à se frotter les yeux avec force en sifflant une mélodie quelconque ; et moi, qui ai appris trop tard comment me comporter en société, je me mettais à fixer une fille qui se trouvait sans compagnie pour ensuite finalement rentrer chez moi seul et amer.

Mais ce n'est pas mon histoire que j'entends raconter ici. Je présume, si vous avez décidé de lire ce livre, que vous en savez assez sur son auteur : j'ai commencé à publier des romans au début de ce siècle et, depuis, je mène une carrière correcte, avec des hauts et des bas, sans plus avoir les ambitions d'autrefois. Je suis marié, j'ai deux filles ; je suis, dans la mesure du possible, un homme heureux, sauf quand dans les périodes vraiment creuses je vois que je suis incapable de trouver une histoire qui m'enthousiasme suffisamment pour écrire un nouveau livre. Dans ces moments-là, mes étudiants à la fac savent qu'il vaut mieux éviter de me poser trop de questions ou de me soumettre des nouvelles et autres ébauches de romans. Je peux me montrer délicat, mais je peux aussi être un critique féroce, cynique et fielleux. Ma femme, au fil des années, a appris à identifier et à anticiper ces phases, et, avec la sérénité qui la caractérise, elle me laisse en paix la plus grande partie de la journée, passe un coup de fil à la maison de temps en temps pour savoir si je suis encore en vie ou si l'angoisse m'a définitivement consumé.

Je me trouvais précisément dans une de ces périodes lorsque j'appris, par une connaissance commune, que Stockman était parti pour le Canada du jour au lendemain, après avoir annulé plusieurs concerts importants, complets depuis longtemps, programmés pour les mois d'été. Dans un premier temps, cela me parut étrange : nous étions les meilleurs amis du monde et, chaque fois qu'il prévoyait un voyage ou que quelque chose de décisif se produisait dans sa vie, il me téléphonait pour avoir mon avis ou chercher à obtenir mon approbation. Stockman était comme ça et moi aussi – nous avions beau avoir dépassé la quarantaine, nous comptions toujours l'un sur l'autre, avec une indéfectible loyauté que les années avaient contribué à cimenter ; nous jouions l'un pour l'autre un rôle fondamental en nous aidant à dissiper nos incertitudes et nos appréhensions par des paroles pleines de détermination.

Malgré son succès et ma position relativement confortable dans le milieu littéraire, nous étions continuellement assaillis par ce genre de doutes. En vérité, ils augmentaient en intensité au fil des années ; bien que plus fugaces et plus rares, quand ces doutes survenaient, ils étaient plus dévastateurs qu'auparavant. Il arrivait ainsi que Stockman m'appelle à trois heures du matin pour me dire que son disque, le seul qu'il avait enregistré pour l'instant (même s'il avait composé des centaines de morceaux), n'était qu'une grosse bouse – en dépit de l'accueil extraordinaire qu'il avait reçu – et qu'il voulait lancer dès le lendemain un appel public pour racheter tous les exemplaires encore disponibles et les expédier à la décharge. Il n'était pas rare pour ma part, alors même que ma réputation semblait établie comme écrivain et que je pouvais compter sur plusieurs milliers de lecteurs fidèles, qu'en proie à une profonde crise de créativité je parte me réfugier dans un hôtel quelque part dans le Sud du pays et, après avoir téléphoné à mon ami que j'avais abandonné femme et enfants (dans ces moments délirants, j'imputais aux éternelles contraintes de la vie domestique mon incapacité à écrire), que j'attende qu'il vienne me rejoindre. Nous dînions et buvions ensemble, puis il me ramenait à Lisbonne. Honteux, j'implorais le pardon de ma famille et la vie reprenait comme elle reprend toujours, sans faire cas de nos lubies.

De tels accès de fébrilité étaient cependant bien plus espacés chez moi que chez Stockman. J'en avais peut-être traversé trois depuis que nous nous connaissions. De son côté, les périodes de déséquilibre étaient à la fois plus fréquentes et plus violentes. J'imagine que ces phénomènes n'étaient pas sans rapport avec l'enfance perturbée de mon ami, que j'évoquerai brièvement, et avec sa nature obsessionnelle, depuis toujours le trait le plus marquant de sa personnalité.

Au cours des premières années de notre amitié, j'écrivais régulièrement, principalement des nouvelles et de brèves fictions qui sortaient de temps à autre dans des journaux ou des revues ; je consacrais mes étés aux romans. Stockman, lui, travaillait sans relâche, même s'il ne l'admettait pas toujours. Il se passait parfois une ou deux semaines sans que je le voie ; il me disait, quand je le retrouvais, qu'il était resté en hibernation. Il m'avoua, des années plus tard, que dans ces moments-là il se cloîtrait dans le minuscule appartement où il vivait pour composer des morceaux qui ne verraient jamais le jour, noircissant des portées à l'infini avec la voracité d'un fou, incapable de contrôler le débit de sa puissance créatrice qui, dans son cas, était la marque du génie.

La musique n'était pas sa seule idée fixe. Tout autant que le piano, les femmes, la politique ou les lieux qu'il fréquentait l'obsédaient. Même si nous avions fait connaissance par l'intermédiaire d'une petite amie commune, j'eus tôt fait de comprendre que ses rapports avec les femmes étaient d'une tout autre nature et même aux antipodes des miens. Je me laissais mener par le bout du nez, doux comme un agneau ; alors que Stockman se jetait à corps perdu dans une histoire d'amour, qu'il pouvait transformer en cauchemar. Celle qui me l'avait présenté sortit de scène peu de temps après, et suivit une succession d'aventures qui commençaient et finissaient toujours de la même manière : il tombait follement amoureux, proposait à sa conquête de vivre avec elle jusqu'à la fin de ses jours, et, après un mois ou deux, il m'appelait au milieu de la nuit, ivre mort, jouant des notes dissonantes sur son piano, la voix rauque d'avoir trop fumé, pour m'expliquer que c'était terminé et que plus jamais il ne voulait s'encombrer d'une femme. Le plus étrange, c'est que, malgré les souffrances absurdes de Stockman, c'était toujours lui le responsable de la rupture. S'il pouvait être dans un premier temps un amant dévoué, l'ennui, la routine et le désir de faire de nouvelles expériences reprenaient vite le dessus. C'était comme si, dans chaque aventure, il était en quête de la moitié qui lui faisait défaut, une partie de lui-même qu'on lui aurait arrachée de toute éternité et qu'il projetait chaque fois sur une femme différente, pour ensuite faire de sa vie un enfer et s'en détourner définitivement.

J'étais donc en train de traverser une de ces périodes où ma créativité était en berne – j'étais incapable de me passionner pour la moindre histoire – lorsque j'appris son départ pour Montréal. Nous ne nous étions pas vus depuis quelques semaines et, entre la fin de l'année à la fac et les occupations de la vie quotidienne qui me prenaient une bonne part de mon temps, j'avoue que je ne pensais guère à mon ami. Je savais que tout se passait bien pour lui. Il vivait avec une femme belle et intelligente dans une grande maison ; son album, enregistré après des années de préparation, de tergiversations et d'ajustements, avait subitement fait son apparition dans les meilleures ventes, ici comme à l'étranger. Des concerts étaient programmés au-delà des deux prochaines années et sa réputation grandit subitement : l'enfant terrible du jazz – ou artiste quasi inconnu, ce qui revient au même – devint un musicien vénéré, suivi par une légion de fans venus d'horizons musicaux différents, séduits par l'éclectisme de Stockman. Le disque, sans cesse repoussé – il avait fallu une éternité avant qu'il considère les enregistrements en studio d'une qualité suffisante pour être publiés –, était une promesse enfin tenue. Avant la sortie de l'album, Stockman était un nom connu des amateurs de jazz à cause de ses prestations scéniques hors du commun (ses admirateurs, les meilleurs spécialistes en la matière, attendaient avec impatience son premier travail en studio). Ce sont ces mêmes admirateurs qui assurèrent la propagation du phénomène car on comptait parmi eux de nombreux critiques, journalistes, prescripteurs et autres figures importantes du monde de la culture. Dès la parution de l'album, ces voix n'eurent de cesse que de faire connaître le travail somptueux de Stockman, en vantant les mérites d'un chef-d'œuvre élevé au rang de mythe après une dizaine d'années de gestation.

En réalité, ce n'était pas dix ans, mais sept. Dans le même temps, pendant qu'il travaillait de manière obsessionnelle sur chaque note de chacun des dix morceaux, je publiai cinq romans. Mais, alors que sa seule œuvre était un modèle de perfection et de précision, les miennes étaient tout le contraire. J'avais deux filles à élever, à vêtir et à nourrir, je ne pouvais pas me payer le luxe de ne publier qu'un livre tous les dix ans ; résultat, mon œuvre était inégale, fruit d'une course contre la montre, avec des livres meilleurs que d'autres, en fonction de l'histoire (et de ma disposition) l'année en question.

Je pensai d'abord que le départ de Stockman s'expliquait par une liaison, et en conséquence n'y accordai guère d'importance. Même si, au cours de la dernière année, il avait été fidèle à sa compagne – c'était du moins ce qu'il me certifiait –, une comédienne de théâtre prénommée Teresa, suffisamment talentueuse et indépendante pour retenir l'attention d'un homme comme lui, il n'était pas impossible qu'à l'occasion d'un concert, dans tel ou tel pays, il ait rencontré une admiratrice et que, dans un de ses accès de passion incontrôlée, il soit parti pour le Canada afin de la vivre jusqu'au bout (et, plus tard, la rejeter). Je décidai d'appeler chez eux en faisant mine d'ignorer l'absence de mon ami. Teresa répondit et me confirma d'une voix sombre qu'il n'était pas à Lisbonne. Je lui demandai, avec précaution, s'il était arrivé quelque chose. Elle hésita quelques secondes. Elle commença par dire que non ; puis, confusément, visiblement troublée, elle ajouta que, la semaine précédant son départ, il y avait eu un incident, un incident qui avait nécessité l'intervention de la police. Alarmé, je demandai à Teresa si elle pouvait m'en dire plus, si c'était un problème grave et si Stockman allait bien. Elle se contenta de répondre que, à sa connaissance, il était vivant et en bonne santé ; ensuite, elle me dit qu'elle ne voulait pas aborder la question et que c'était à mon ami de m'expliquer ce qui s'était passé, puisqu'elle avait été prise au dépourvu tout autant que moi. J'eus un mauvais pressentiment : ce prétendu incident, quel qu'il fût – Teresa ne semblait pas vouloir s'étendre sur le sujet, du moins pas au téléphone ou pas avec moi –, avait brisé quelque chose entre eux. Je lui demandai si elle savait où se trouvait Stockman exactement, elle me répondit qu'elle n'en avait pas la moindre idée. Un soir, le pianiste lui avait annoncé qu'il partait pour Montréal et, le lendemain, il avait fait ses valises et disparu sans laisser le moindre message. Percevant mon appréhension, elle voulut bien me promettre, dans le cas où il donnerait signe de vie, de me le faire savoir. Nous raccrochâmes et je compris que, cette fois, j'avais peut-être de bonnes raisons de m'inquiéter.

Quelques jours après ma conversation avec Teresa, le téléphone sonna en pleine nuit. Je me levai, tout ensommeillé, et gagnai le salon pour aller répondre. Ma femme se réveilla à son tour et me demanda qui c'était. Une de mes filles surgit en pyjama, en se frottant les yeux, à moitié perdue, la sonnerie énervante du téléphone posé sur une table à côté du canapé ayant interrompu son rêve. Je décrochai : c'était Luís. Je lui demandai d'attendre une seconde, embrassai la petite en lui disant d'aller se recoucher. Au lieu de traverser le couloir vers sa chambre, elle se dirigea vers la nôtre. Elle devait déjà occuper ma place dans le lit, en suçant son pouce, lorsque je commençai d'entendre la voix troublée de Stockman.

"Tu sais quelle heure il est ? demandai-je.

— Onze heures du soir.

— Ici, il est quatre heures du matin.

— Ce ne sera pas la première fois, pas vrai ?

— Mais ça pourrait bien être la dernière. Elle te déteste à cause de tes foutus coups de fil au milieu de la nuit."

Je faisais allusion à ma femme. Nous avions l'habitude de commencer nos conversations sur le ton de la plaisanterie, avec une pointe d'agressivité ; ça faisait partie du numéro.

"Où traînes-tu en ce moment ?

— À Montréal. Dans un hôtel quelconque du centre-ville, je ne sais plus comment il s'appelle.

— Qu'est-ce que tu fabriques là-bas ? Tout le monde se fait du souci à ton sujet.

— Disons que j'ai décidé de prendre une année sabbatique", répondit-il. On entendait le bruit des klaxons à l'autre bout du fil. Je l'imaginais debout, regardant par la fenêtre ouverte, tenant le téléphone de ses doigts longs comme des pattes d'araignée. Je m'assis dans le canapé, me frottai les yeux et changeai le combiné d'oreille.

"Tu vas rester là-bas une année entière ? Tu as décidé ça comme ça ?

— Si Dieu s'est reposé le septième jour, les hommes peuvent bien faire pareil, non ?

— J'avais dans l'idée que l'expression avait un rapport avec les récoltes.

— Il faut que je te raconte un truc. Tu as le temps ?"

Je jetai un œil sur la pendule : quatre heures douze.

“Bien sûr. Les petites ne se lèvent que dans trois heures.”

Même si sa voix était parfaitement claire, j’avais l’impression qu’une distance immense nous séparait. Pendant qu’il parlait, je me mis à penser à ça, à la vitesse du son, à ce temps vide entre le moment où la voix franchissait ses lèvres et celui où je l’entendais. S’il mourait subitement, pour moi il resterait vivant quelques secondes, pensai-je, morbide comme toujours. Ces pensées ridicules cédèrent rapidement la place à l’attention que je ne pus que prêter à ce que me racontait Stockman. Sa voix se transforma au cours de l’heure que nous passâmes au téléphone. Pour finir, il eut un ton presque macabre et je craignis, pour la première fois, qu’il ne soit bien plus désemparé que ce que j’avais imaginé.

La police s’était présentée chez eux après le dîner. Teresa, qui était allée ouvrir, s’alarma à la vue des deux agents en uniforme. Ils souhaitaient savoir si M. Stockman était là ; elle appela donc son compagnon qui se trouvait dans son studio, en train de composer. Luís les rejoignit dans l’entrée et eut le plus grand mal à saisir ce qui se passait : il traversait une période chargée, entre concerts et autres obligations liées au succès, et il profitait de tout son temps libre pour travailler sur de nouveaux thèmes, qui surgissaient lors des improvisations sur scène. Un des policiers lui expliqua, légèrement embarrassé, qu’on les avait envoyés vérifier qu’il était bien en vie, car, apparemment, un homme qui venait de se suicider avait laissé une lettre dans laquelle il avouait l’avoir assassiné. L’autre policier ajouta qu’il s’agissait manifestement d’une fausse alerte, d’une plaisanterie de mauvais goût de la part d’un fou, et qu'ils étaient navrés de l'avoir dérangé. Stockman, incrédule, demanda comment s'appelait l'homme qui avait laissé cette lettre. Les agents n'en avaient pas la moindre idée : ils faisaient seulement leur ronde nocturne quand ils avaient reçu un appel de leur hiérarchie leur commandant d'aller s'assurer de l'intégrité physique de M. Stockman. Le pianiste insista, réclama des détails, mais les policiers lui répondirent une fois de plus qu'ils étaient dans l'incapacité de les lui fournir puisqu'ils ignoraient tout de l'affaire : ils obéissaient aux ordres, rien de plus. Stockman leur opposa que si son nom était mentionné, il était naturel qu'il cherche à en savoir plus. Un des policiers alla jusqu'à la voiture, passa un appel et, à son retour, informa le pianiste qu'un enquêteur prendrai contact avec lui pour lui donner des explications. Comble de l'absurde, à la fin, un des deux hommes lui demanda un autographe. Il n'avait probablement jamais écouté sa musique, ne l'écouterait probablement jamais. Mais il avait compris que Stockman était une célébrité.

"Et je ne mesurais pas encore toute l'ironie de la situation, me dit mon ami. Car c'était un musicien inconnu qui s'était suicidé, en laissant une lettre dans laquelle il avouait l'assassinat imaginaire d'un musicien célèbre. Il n'y avait pas pire moment pour me demander un autographe."

Malgré tout, Stockman était tellement troublé qu'il finit par lui griffonner quelque chose sur un bout de papier.

Le lendemain, l'enquêteur appela. Apparemment, un homme s'était suicidé dans une mansarde de Lisbonne après avoir écrit une longue lettre d'adieux. Le suicide avait eu lieu dans des circonstances étranges.

L'homme avait avalé toute une bouteille de soude caustique et, après avoir mis un disque de Bach en position *repeat*, s'était couché à côté d'une contrebasse. Le voisin du dessous, excédé par la musique ininterrompue, qui les énervait, lui et sa famille, était allé frapper à sa porte et l'avait trouvée ouverte. C'est alors qu'il avait découvert la scène : le type saignait de la bouche, mais on distinguait un sourire sur ses lèvres ; des mouettes, qui étaient entrées par la fenêtre, commençaient à becqueter son corps sans vie. Après que les autorités eurent retrouvé la lettre sur une table – une demi-douzaine de pages manuscrites parfaitement alignées –, deux policiers avaient immédiatement été dépêchés chez Stockman, pour un possible assassinat. Dans la lettre, l'homme avouait qu'il venait de tuer mon ami, qu'il désignait alternativement comme son "jumeau", son "alter ego" ou le "voleur".

La première chose que Stockman demanda à l'enquêteur, c'est si le suicidé portait des lunettes. L'homme dut trouver cela tout à fait incongru, car il mit plusieurs secondes à répondre. En effet, ils avaient retrouvé une paire de lunettes près du corps. Stockman voulut savoir s'il était possible pour lui de les récupérer, et également de prendre connaissance de la lettre. Ils convinrent d'un rendez-vous le jour même. Quand le pianiste arriva au commissariat, l'enquêteur le conduisit dans son bureau. Les lunettes, m'expliqua Stockman, étaient à lui ; ses initiales étaient discrètement gravées à l'intérieur des montures, ornées d'un liseré blanc (je me rappelai immédiatement ses lunettes, qu'il portait depuis longtemps). Ensuite, Stockman informa le policier qu'il connaissait l'homme qui s'était suicidé ; il l'avait abordé à la fin d'un concert, et portait alors les lunettes que Stockman avait perdues peu auparavant.

"Un de ces fans complètement marteaux, conclut l'enquêteur. On a déjà eu des cas de ce genre. Mais, habituellement, il y a une plainte, une mise en garde, et les choses en restent là."

Apparemment, mon ami ne fit pas de commentaire. En réalité, il n'écoutait déjà plus ce que son interlocuteur lui racontait. Il était plongé dans la lecture de cette demi-douzaine de pages chaotiquement griffonnées. Il était choqué que le suicidé ait écrit sur des partitions ; c'était comme si, par ce geste, il maudissait la musique pour toujours. Après sa confession, dans laquelle il déclarait avoir tué Stockman pendant son sommeil, il faisait une longue digression au sujet de la vérité et du mensonge. Il parlait sans cesse de la *vérité*, comme s'il s'agissait d'une entité séparée de l'homme ; il parlait également de gens que le pianiste ne connaissait pas, d'un enfant, d'une famille ; mais aussi de Stockman lui-même, qu'il dépeignait comme un usurpateur. C'est au cours de cette conversation téléphonique, à je ne sais quelle heure au milieu de la nuit, que j'entendis parler pour la première fois de la composition.

"Il était convaincu que je lui avais piqué un thème. Que j'étais un voleur, quelqu'un qui rôdait autour de lui pour le déposséder de son identité. Tu te rappelles le concert au Colisée ? Il m'a dit qu'il y avait assisté et que j'avais joué, à un moment de la soirée, une composition dont il était l'auteur. Note après note, en *do* dièse. Je ne voyais absolument pas de quoi il parlait. C'était comme s'il avait bu. Ensuite, il ne démordait pas de l'idée qu'on devait être jumeaux, parce qu'il était impossible que deux personnes écrivent exactement le même thème, au même moment, à des milliers de kilomètres de distance, sans être liées par quelque chose d'essentiel.

— Et tu trouves que ça tient la route ?

— Pas le moins du monde", rétorqua-t-il. D'une certaine façon, je me sentis soulagé par sa réponse. Je regardai par la fenêtre : à l'horizon, le jour s'annonçait par une ligne claire au-dessus du fleuve. Mais mon soulagement fut de courte durée. "Ou plutôt disons que j'ai peut-être préféré écarter cette idée. Le fait est que, même si je ne l'ai vu qu'une fois, il est indéniable qu'on se ressemble. Qu'on se ressemblait. Physiquement, du moins. Puis je me suis mis à douter parce que, même si j'avais décidé de l'ignorer, ses paroles avaient touché quelque chose en moi. Elles m'avaient laissé une sensation étrange, tu comprends ? La sensation que j'étais, à cet instant, en train de vivre dans un rêve, ou alors que, peut-être, enfin, je m'arrachais à un rêve. Un truc dans le genre."

La seconde partie de sa réponse m'inquiéta. Je connaissais bien la personnalité de Stockman. Après toutes ces années, j'avais appris à repérer le retour de ses obsessions. Ça commençait toujours comme ça : par un doute, une zone d'ombre, l'esprit égaré entre affirmations et dénégations, en pleine contradiction.

Il continua à me raconter l'histoire. Dans ces pages, l'homme répétait ce qu'il lui avait dit personnellement sur son jumeau mort. C'était un détail macabre mais que Stockman, pour quelque raison, avait retenu. Il avait été effrayé lorsque, devant l'enquêteur qui l'observait en silence, il avait lu ces lignes. Il y avait une description avec des détails très étranges de leur naissance à tous les deux, comme si dans le fond ils n'avaient fait qu'un, avant d'être séparés par une volonté extérieure ou surnaturelle. Et désormais ils étaient unis par un même destin que même cette volonté n'avait pas le pouvoir de contrecarrer. D'après Stockman, c'était la lettre de quelqu'un ayant complètement perdu la raison et qui, dans sa tête, avait commencé à élaborer un monde parallèle dans lequel toutes les choses étaient unies entre elles de manière voilée, comme sur une toile dont on découvrirait un jour, sous les apparences trompeuses, les liens véritables. Dans la dernière page, il parlait de sa famille. D'une mère et d'un père ; d'une jeune femme prénommée Dulcineia et d'un enfant, et de ce qu'il avait appris avec cet enfant. Il racontait que le môme lui avait révélé le "sens caché du monde". Sur cette page, l'écriture devenait plus ramassée et plus confuse, beaucoup de mots étaient coupés, d'autres réécrits, et il était difficile de déchiffrer ce qu'il avait voulu dire.

À ce stade de la conversation, Stockman fit une pause. Je l'entendis à l'autre bout du fil allumer une cigarette. Je lui rappelai qu'il avait arrêté de fumer depuis presque cinq ans. Il ne répondit pas. J'allai moi aussi me chercher un paquet que j'avais caché dans l'armoire du salon et, piochant dans une boîte d'allumettes restée intacte depuis des mois dans un cendrier toujours propre, j'allumai une cigarette. Je pressentais que mon ami ne m'avait pas tout raconté, que le plus important était peut-être encore à venir. Et j'avais raison.

"Sur les deux dernières pages, il n'y avait pas de texte, mais un titre : *Dulcineia*. Et une partition. Écrite avec le même stylo, la même encre, les mêmes empreintes laissées sur le papier. C'était une composition, ou du moins le début d'une composition.

— Et alors? demandai-je avec curiosité, la tête me tournant légèrement à cause de la fumée que mes poumons avaient cessé de reconnaître depuis longtemps.

— Cette composition est de moi. Ce que je veux dire, c'est que, dès que j'ai jeté un œil sur la partition, j'ai commencé à l'entendre. Elle est dans ma tête depuis des années, mais je ne l'ai jamais consignée nulle part. Je suis certain de n'en avoir jamais rien montré à personne. Mais c'est une mélodie que je connais sur le bout des doigts." Il fit une nouvelle pause. Je l'entendis expirer la fumée. "Et voilà qu'on me la met sous le nez, écrite par un parfait inconnu que je n'ai rencontré qu'une seule fois et qui me certifie qu'on est jumeaux." Il rit, mais je compris que c'était sans en avoir la moindre envie. "Il était complètement impossible qu'il connaisse cette composition, tu comprends? Elle me trottait dans la tête depuis une éternité et, sans savoir pourquoi, je ne l'ai jamais développée au point de la coucher sur une partition ou de l'essayer dans un concert.

— Mais, si j'ai bien compris, il a dit que tu avais joué un de ses thèmes au concert du Colisée?

— Impossible, rétorqua Stockman. Ou si c'est le cas, c'est moi qui suis fou. Mais non, c'est impossible. Les musiciens s'en seraient aperçus si j'avais joué quelque chose de nouveau ou hors répertoire, et ils m'en auraient parlé. Et voilà qu'on retrouve cette mélodie écrite par quelqu'un dont visiblement tout le monde ignorait l'existence jusqu'à ce qu'il se tue, au cinquième étage de son immeuble, en serrant dans ses bras une contrebasse. Pas simple de trouver le fin mot de l'affaire. Le fin mot de l'affaire, contre toute attente, c'est qu'il avait peut-être raison. La seule explication pour tout ça se trouve peut-être dans un endroit étrange, à distance de toute vérité. Ni noir ni blanc, tu saisis ? Gris. Quelque part au milieu."

Je crois bien que ce furent les mots exacts de Stockman. *Au milieu*, répéta-t-il. *On se rejoindrait quelque part au milieu*. Il y eut de nouveau un long silence, entrecoupé par les klaxons dans la nuit de Montréal ; chez moi, seul se faisait entendre, de temps à autre, le ronronnement du réfrigérateur. Au bas de la lettre, la signature révélait le nom du mort. Il était plus de cinq heures lorsque je raccrochai. Je me rendormis sur le canapé. Deux heures plus tard, la maisonnée se réveillait et, encore tout ensommeillé, j'étais incapable de dire si j'avais bien reçu ce coup de fil ou si tout n'avait été qu'un rêve.

Cela tenait peut-être à l'histoire que Stockman m'avait racontée, ou au fait que nous ayons parlé au milieu de la nuit, je ne sais pas. Toujours est-il que j'étais tellement troublé que je n'avais même pas songé, lors de ce premier appel téléphonique, à lui demander ce qu'il fabriquait à Montréal. Dans tout ce qu'il m'avait détaillé cette nuit-là, il n'avait pas été question une seule fois du Canada. Par la suite, je compris qu'après sa conversation avec l'enquêteur, Stockman avait passé plusieurs jours sur les traces de ce personnage fantasmagorique qui avait envahi sa vie et, étant donné sa nature obsessionnelle et son désir compulsif de poser des questions sur des sujets qu'il vaudrait mieux ne pas aborder, il chercha à s'informer sur le passé du suicidé – et ce passé le mena directement dans une ville éloignée de cinq mille kilomètres où il estima probablement qu'il trouverait des réponses à ses interrogations. Pendant cette période, il parlait à peine avec Teresa et n'était jamais là : soit il s'enfermait dans son studio, soit il déambulait à travers la ville sans rien en dire à sa compagne. Quand elle lui demandait ce qui se passait, Stockman, l'air perturbé et épuisé, répondait de manière évasive.

Nous avons fréquemment échangé au cours des mois suivants. Par téléphone, toujours au milieu de la nuit à Lisbonne ; par courriel, quand il voulait bien se poser devant un ordinateur ; et, pour ainsi dire, par télépathie. Notre amitié était si solide et si profondément enracinée que je percevais parfois la présence de Stockman, comme s'il avait pu, depuis cette ville de l'autre côté de l'océan, me communiquer ses états d'âme. Quand je me sentais triste ou mélancolique, je ne tardais pas à recevoir de sa part des nouvelles tristes ou mélancoliques. Quand je me sentais plein d'entrain et d'énergie, je m'apercevais, en entendant sa voix ou en lisant ses mots, que lui aussi s'enthousiasmait pour quelque chose, qu'il avait fait une nouvelle découverte ou s'approchait d'une forme de vérité.

C'était mon ami tel que je l'avais toujours connu. Ce qui, dans la société d'aujourd'hui, est perçu comme une qualité – la détermination – peut, dans certains cas, se muer en un défaut très dangereux appelé obstination. Ou entêtement. Ou, purement et simplement, négligence. Négligence non pas des choses qui sont l'objet de notre obstination, bien sûr, mais de tout le reste. On comprendra facilement que, quelques mois après le départ de Stockman, Teresa ait quitté le logement qu'ils occupaient et qu'elle ne soit jamais revenue. Cela sembla le laisser indifférent. Tout comme le fait que son agent et les musiciens qui jouaient avec lui aient renoncé à essayer de le faire revenir à Lisbonne après l'été. L'annulation des concerts avait eu de fâcheuses conséquences et entraîné de lourdes pertes ; après cette période moins faste, il leur fallait se remettre à flot en acceptant les propositions qui arrivaient pour la fin d'année. L'agent de Stockman en vint même à m'appeler chez moi. J'ignore comment il s'était procuré mon numéro. Je me rappelle que je répondis un après-midi, alors que j'étais en train d'écrire avant l'arrivée de mes filles ; j'entendis à l'autre bout du fil un homme à la voix rauque qui, sans s'excuser de me déranger, tenta de me convaincre à toute force qu'il était absolument indispensable de faire revenir le pianiste dès que possible. Je lui répondis que j'allais faire de mon mieux. Je mentais, évidemment ; que pouvais-je faire ? D'un côté, mon meilleur ami était parti à la recherche de quelque chose d'essentiel pour lui ; de l'autre, les gens qu'il avait abandonnés ici – tous, sauf moi – commençaient à renoncer à lui.

C'est à cela que je pense quand je parle d'obstination et de négligence. Stockman aurait pu évoquer la question avec Teresa ; il aurait pu l'appeler, comme il le faisait avec moi, et lui raconter cette histoire, même si elle avait l'air complètement absurde. Je suis persuadé que Teresa se serait montrée compréhensive et patiente. Même chose ou presque pour son agent et ses musiciens. Il aurait suffi de leur passer un coup de fil à une heure normale, sur un ton apaisé, pour expliquer la complexité de la situation et leur demander un peu de temps. Bien sûr, Stockman ne fit rien de tout cela. Il ne téléphona ni à Teresa, ni à son agent, ni à son père adoptif, ni à personne à Lisbonne, à part moi. Et, évidemment, ces choses-là se paient. Si on se met à sa place, cependant, difficile de dire comment on réagirait. Un jour, un type se suicide après avoir écrit une lettre dans laquelle il avoue l'assassinat d'une personne qui est toujours en vie. Il me semble que ça suffit pour que cette dernière soit un tant soit peu ébranlée.

Malgré toute notre amitié, le passé de Stockman reste pour moi une espèce de légende. D'après ce qu'il me raconta au fil du temps, je sais qu'il ne connut pas ses parents et qu'il passa les quatre premières années de sa vie dans une maison d'accueil. Ensuite, il fut adopté par un couple vivant à Zambujeira : Maria et Luís Stockman. Ils n'avaient pas d'enfants, approchaient de la quarantaine et se décidèrent à adopter. Ils menaient une vie tranquille et tiraient leurs ressources de leur participation dans une prospère entreprise viticole. Je connaissais Luís depuis deux ans lorsque Maria Stockman est morte. Son père est toujours en vie, il a quatre-vingt-quatre ans et vit dans un foyer ; à la suite d'une thrombose, l'an dernier, il a perdu l'usage de la parole et a besoin de soins en permanence.

Stockman grandit dans un environnement très différent de la plupart des gens de notre âge, des urbains qui aimaient le rock et sortaient dans les bars délabrés du Bairro Alto. Il vécut à Zambujeira jusqu'à son entrée au lycée ; la famille est alors venue s'installer à Lisbonne. Ce changement dut constituer un choc pour lui dans la mesure où, contrairement à tous les autres élèves, il avait grandi dans un village, il n'avait pas d'amis – il était d'une extrême timidité – et, fidèle aux goûts de ses parents, appréciait la musique classique et le jazz. J'imagine un Stockman très renfermé, avec des difficultés à s'intégrer ou à se conformer aux conventions sociales, un étranger dans son propre pays. Je l'imagine seul dans la cour du lycée, observant le monde autour de lui sans parvenir à le comprendre. Nous avons plusieurs fois évoqué cette période de sa vie. Son père, qui avait peut-être détecté un talent précoce, l'inscrivit au conservatoire. Au départ, Stockman détesta. Les professeurs comprirent rapidement que le solfège était trop facile pour lui et, comme ses camarades étaient beaucoup plus lents dans leur apprentissage, il s'ennuyait constamment. Ils parvinrent à convaincre son père de lui acheter un piano ; c'était une sorte de défi pour Luís, malgré son aisance naturelle. Il commença à jouer pour faire plaisir à son père. Le soir, après le dîner, ses parents s'installaient dans le salon et écoutaient les progressions harmoniques et les nouvelles mélodies que leur fils apprenait. Ses débuts étaient prometteurs, mais, d'après ce qu'il me confia, il jouait sans rien ressentir, sans éclair de génie ; rien à voir avec cette espèce de fureur qui le rendrait célèbre par la suite.

Il quitta le conservatoire quand ses parents engagèrent un professeur particulier, un sexagénaire allemand installé à Lisbonne depuis une vingtaine d'années, considéré à l'époque comme l'un des maîtres de l'enseignement classique, un type autoritaire, très à cheval sur la discipline, qui n'acceptait pour élèves que des prodiges. Pour des raisons quelque peu morbides, il se trouve que Stockman fut son dernier élève. Il s'appelait Otto Klein et, malgré son nom ("petit"), c'était un colosse de plus de deux mètres, qui souffrait d'un mal de dos chronique. Luís m'a souvent parlé de lui, en le dépeignant toujours comme un personnage de conte pour enfants, une espèce de marionnette aux membres immenses et au visage cave, qui s'asseyait à côté du piano, agitait frénétiquement les bras à chaque fausse note et jurait en allemand chaque fois que son élève quittait la partition des yeux. Je n'ai jamais compris si Stockman détestait Klein ou s'il avait un tel respect pour son professeur de piano que la seule façon d'en faire le portrait sans ressentir de peine était de le décrire ainsi, en vieillard sénile et hystérique qui empoisonnait ses fins d'après-midi après les cours, en l'obligeant à jouer fidèlement chaque note écrite sur la portée.

Je n'ai jamais cherché à m'assurer de la véracité de l'histoire qui suit – je n'en ai jamais ressenti la nécessité, car j'ai toujours eu confiance en mon ami –, même si maintenant, en l'écrivant, elle me semble aussi fantaisiste que les descriptions que Stockman faisait de Klein. C'est peut-être le cas, du moins en partie. Mais, comme on sait, l'imagination remplace tout ce que la mémoire rejette, et on ne saurait blâmer personne pour cette seule raison. Cela arriva durant un récital ; Stockman avait seize ou dix-sept ans et se produisait pour la première fois en solo, avec un programme de musique classique, aux côtés d'autres jeunes interprètes. J'imagine une salle de théâtre louée pour l'occasion, pleine à craquer de parents complètement gagas ; j'imagine un rideau rouge cachant le fond de la scène et un piano à queue du côté gauche, la surface noire reflétant la lumière des projecteurs ; j'imagine les manteaux, les bonnets, les gants, l'ambiance de Noël (d'après mon ami, c'était au printemps, mais chez moi aussi l'imagination et la mémoire se font concurrence). Assis au premier rang : Otto Klein et les parents de Luís. Cet après-midi-là, son disciple préféré devait interpréter la *Sonate nº 31* de Beethoven, une œuvre choisie par Klein – un morceau mélancolique qui exigeait de la part de l'interprète une grande concentration. À cette époque, peut-être était-il impossible de prévoir ce que Stockman allait faire – cet adolescent introverti leur apparaissait probablement comme une sorte de pâte prête à être modelée, et ses parents comme son professeur devaient le sous-estimer. Voici ce qu'il me raconta : après le prologue, incapable de refréner son élan, il se mit à introduire des notes dans la composition de Beethoven. Alors qu'il jouait la sonate – qui nécessitait une extrême rigueur, une précision mathématique que l'Allemand exigeait de lui pendant les leçons –, il sentit l'envie irrépressible d'improviser à partir de la mélodie. D'abord, une note ici, discrètement ; puis une autre là, dissonante. Soudain, lors du deuxième mouvement, perdant tout contrôle sur ses dix doigts, il cessa de jouer la sonate du compositeur allemand et se mit à improviser sur les mêmes accords quelque chose de complètement différent, un morceau qui ne se trouvait sur aucune partition, nulle part au monde. Il ferma les yeux et laissa ses mains filer toutes seules ; il joua, pendant de longues minutes, sa propre sonate, la *Sonate nº 1* de Stockman, et lorsqu'il rouvrit les yeux, devant une salle pleine de parents, de professeurs et de jeunes musiciens, il attendit secrètement, le temps d'une douloureuse seconde, des tonnerres d'applaudissements. Les premiers de sa vie.

Mais il arriva tout autre chose : à la place des applaudissements, ce fut un malaise général. En nage, les cheveux collés au front, il s'aperçut que personne ne regardait la scène. On entendait des murmures, des gens couraient dans tous les sens, et un petit attroupement s'était formé devant le premier rang. Il se rappelait le regard que son père lui avait lancé, alors qu'il était encore assis devant le piano, lui, le seul être dans ce théâtre à être plongé dans une solitude aussi irrémédiable – un regard où se mêlaient stupéfaction et sentiment d'échec. Le professeur Klein, géant à l'étroit dans son costume, gisait à terre, inanimé. Il venait de mourir, terrassé par une crise cardiaque, en entendant son dernier élève massacrer l'œuvre de Beethoven qu'ils avaient passé des mois à répéter. Je me souviens que, lorsque j'entendis cette histoire, il y a bien des années, je n'avais pu m'empêcher d'éclater de rire. Mais je m'étais interrompu aussitôt en voyant la mine grave de Luís. Cet épisode, qui m'avait alors semblé sortir tout droit d'une comédie noire, l'avait profondément marqué, et il est possible que son perfectionnisme maniaque – un vice qui ne le lâcha jamais – soit né de la stupeur de ce moment inaugural.

Cette période de sa vie fut marquée par un autre événement. Il me le raconta à plusieurs reprises au cours de la première année de notre amitié, sans se rendre compte qu'il se répétait. Normalement, ces radotages se produisaient lorsque nous avions bu trop de vin dans un troquet, tirant inlassablement des plans sur la comète (je n'avais pas encore publié mon premier livre et sa réputation de pianiste était loin d'être établie ; comme je l'ai dit plus haut, j'étais paresseux et pensais qu'il l'était autant que moi). C'est un épisode tellement étrange que je finis toujours par l'associer à cette phase de transition où un adolescent devient autre chose, pas exactement un homme, disons un homme en devenir.

Cela se produisit alors que Stockman avait dix-sept ans et qu'il manquait encore de confiance en lui, il menait une vie bien sage, coupée du monde, en étant peut-être un peu trop choyé. Il n'avait qu'un seul ami. Cet ami avait une amie. Cette amie était son grand amour.

"Elle était probablement affreusement laide, me raconta-t-il entre deux lampées de vin. Mais à dix-sept ans, que sait-on de la beauté ?"

Ils fréquentaient le même lycée, vivaient dans le même quartier et, parfois, Stockman allait chez son copain, où ils regardaient des films pornos loués en cachette dans un vidéoclub. Il me confia qu'il détestait ces films ; il les regardait, non sans un certain dégoût, parce qu'il pensait que c'était un moyen de conserver l'amitié de ce type qui cultivait consciencieusement sa propre nullité. Un après-midi, son amie vint les rejoindre. Il se souvenait parfaitement de la scène : ils étaient tous les deux assis sur le canapé du salon et regardaient un match de foot à la télé. C'était l'été. Les rideaux étaient tirés ; il y avait un napperon brodé sur une petite table où la bonne avait posé deux verres de jus de fruits, des serviettes et une assiette de gâteaux. On frappa à la porte. Le nom de la fille ? Il n'arrivait pas à s'en souvenir. Il se rappelait en revanche qu'il la voyait souvent au lycée, dans les couloirs, à la cafétéria ; il s'était persuadé qu'elle était sublime.

(Je le vois encore, face à moi, grattant son front pâle avec ses doigts très longs, me raconter cette histoire, l'haleine chargée de vin.)

La fille arriva peu après le départ de la bonne. Son copain – dont Stockman savait qu'il était un imbécile, mais c'était le seul qui acceptait sa compagnie sans poser de questions – alla ouvrir et revint en tenant la fille par la main. Ils n'avaient jamais échangé un mot. Le garçon fit les présentations, elle sourit, il rougit. La fille s'assit entre eux. Sans rien demander, le garçon glissa une cassette dans le magnétoscope. C'était un film porno. Ils restèrent tous trois silencieux, sauf le garçon qui se mettait à rire chaque fois qu'un nouvel acteur entrait en scène. Elle mâchait un chewing-gum. Stockman était blotti contre l'accoudoir du canapé et avait plaqué un coussin contre lui pour cacher un début d'érection. Lors de la première scène explicite, la fille mit sa main devant la bouche. Stockman crut qu'elle allait vomir ; mais, à sa grande surprise, elle éclata de rire. Elle semblait s'amuser de ce que les acteurs faisaient à l'écran. Quant à lui, il était rouge de honte et, à dix-sept ans, incapable de maîtriser son excitation. Peu après, il s'aperçut que la fille avait mis sa main sur la jambe de son copain, qui lui aussi s'était couvert d'un coussin, mais pour des raisons différentes : elle avait ouvert sa braguette et commencé à le masturber.

Stockman était incapable de bouger, ni même de dire un mot. Il entendait les mouvements réguliers de la main de la fille tandis qu'ils avaient tous les trois les yeux rivés sur l'écran. Ce n'était même pas une déception ; ce qui était en train de se passer était purement et simplement inconcevable. Quelques minutes plus tard, le garçon et la fille se levèrent et quittèrent le salon, pendant qu'il se cramponnait toujours à son coussin. Il resta seul, devant le film porno. N'y tenant plus, il se déboutonna et commença à se masturber. Il entendait les gémissements des acteurs à la télé et les gémissements des deux autres dans la chambre. Quand, soudain, la porte du salon s'ouvrit. Stockman bondit du canapé et roula sur le côté, en essayant de camoufler son sexe. Mais son visage en feu et le film à l'écran révélaient tout à la mère de son copain, une femme grande et svelte, qui le regardait depuis l'entrée du salon. Il n'eut même pas le temps de s'excuser, car la femme qui, après une seconde d'hésitation, était entrée et avait refermé la porte derrière elle lui lança : "Ne te dérange pas pour moi, tu peux continuer."

Ne te dérange pas pour moi, tu peux continuer, répétait Stockman chaque fois qu'il racontait cet épisode : mots magiques. Après les avoir prononcés, la femme ressortit du salon tout doucement, en lui souriant. Stockman recommença à se masturber puis, quelques secondes après, s'essuya avec les serviettes qui se trouvaient à côté des gâteaux. Il déguerpit sans rien dire à personne et n'adressa plus jamais la parole à son copain.

C'est le jour, me certifia-t-il, où il se défit de toute timidité – pas seulement à l'égard des femmes, mais dans tous les domaines.

Au long de toutes ces années, je me suis souvent demandé ce qui me liait à Stockman. Nous n'étions pas amis depuis toujours, nous n'avions pas partagé les joies et les douleurs de l'enfance. Bien au contraire, nous nous étions rencontrés à l'âge adulte, nous étions deux hommes presque formés, même si nous restions – du moins, pour partie – profondément immatures. Si c'est ce côté immature qui nous liait l'un à l'autre, alors il est peut-être vrai que les hommes sont des êtres superficiels qui cherchent sans relâche leur double – la théorie, si souvent rabâchée, selon laquelle les contraires s'attirent ne fonctionne pas dans le monde plus simple des amitiés masculines.

Lors de notre première rencontre, nous nous comportâmes comme des adolescents. L'occasion fut quelque peu inattendue : c'était lors d'une soirée organisée pour la parution de mon premier livre. Mon ancienne petite amie à l'époque, que j'appellerai N., fit son apparition dans la librairie en compagnie de Stockman au moment où l'un des intervenants prononçait un discours ennuyeux à mourir sur les qualités du romancier du futur. Elle était tout sourire ; lui ressemblait à un cadavre, très pâle et trop maigre, comme s'il n'avait existé que de profil, portant un immense manteau et une paire de lunettes noires qu'il ne quitta pas. Je remarquai, depuis l'estrade où je me trouvais, qu'il ne bougeait pas d'un pouce. Je regrettai d'avoir envoyé une invitation à N. pour cette soirée – nous avions rompu depuis plusieurs mois, mais nous étions restés en contact, et comme je trouvais cela infantile de rompre tout lien juste parce que l'amour n'était plus là, j'avais insisté pour que nous continuions à nous voir. Et voilà qu'elle se trouvait devant moi, accompagné d'un inconnu, plus mystérieux que moi, éventuellement plus intéressant, certainement plus à l'aise que je ne l'étais à cet instant. Quand mon tour de parler arriva, je balbutiai deux ou trois âneries ; je n'arrivais pas à détourner mon attention de N., qui m'inspirait encore des sentiments possessifs, ni à me concentrer sur ce que j'étais en train de dire. D'une certaine manière, la présence de Stockman ruina mon premier événement littéraire ; et, même si ce n'était pas sa faute, puisqu'il n'avait rien fait d'autre que d'être là, debout, à fixer une scène improvisée derrière des lunettes noires ridicules, le reste de la soirée ne pouvait que mal se passer.

Le dîner qui suivit ne m'a pas laissé de grands souvenirs. Il fut offert par la maison d'édition et, à ma demande, N. et Stockman se joignirent au petit groupe constitué de membres de ma famille, des intervenants de la rencontre et de trois représentants du groupe éditorial. À table, nous nous retrouvâmes face à face. Une fois assis, Stockman retira ses lunettes. Il avait des yeux fatigués et tristes, comme ceux d'un chien après une course de plusieurs heures. Il était maladroit avec ses couverts, trop grand pour avoir sa place dans un restaurant aux tables aussi serrées, et il n'adressa presque pas la parole à N. qui, toujours aussi expansive, engagea la conversation avec mon père, qu'elle avait un peu connu, et avec la femme de celui-ci. Pendant le dîner, deux pensées paradoxales me traversèrent l'esprit. La première, c'est que N. s'était choisi un homme clairement inférieur à moi, un type timide manquant cruellement de confiance en lui, qui se cachait, ne parlait pas et semblait avoir renoncé à la vie avant qu'elle ait eu le temps de renoncer à lui. La seconde : impatient et tout aussi peu sûr de mes capacités, je devais lui apparaître comme un imbécile, un écrivaillon de deuxième ou troisième catégorie incapable de détourner le regard de son ancienne petite amie, scrutant en permanence les gestes lents et indéchiffrables de son nouveau compagnon.

Après le dîner, la plupart des convives s'en allèrent. Seuls s'attardèrent avec moi N., Stockman et une assistante éditoriale qui avait un coup dans le nez. Je ne sus que beaucoup plus tard pourquoi N. et Stockman étaient restés – pour l'instant, je voulais juste qu'ils restent, peu m'importait de savoir pour quelle raison ; j'avais envie, si ce n'est d'une confrontation, du moins d'un moment passé avec eux, dans un accès de masochisme ou de jalousie tardive. Je proposai d'aller dans un bar non loin du restaurant, mais Stockman refusa. C'était la première fois que j'entendais sa voix : une voix grave et tranquille, inattendue. Il suggéra un autre endroit, où nous allâmes en taxi. C'était un bar en sous-sol, sans aucune ouverture sur l'extérieur. Couvertes par une musique jazzy, on percevait les conversations de quelques clients cachés dans des sortes de loges privées, avec des tables et des canapés usés. C'était le genre d'endroit que j'aimais, mais je ne connaissais pas celui-là. On s'installa et on commanda à boire. N. passa son temps à parler, désespérément, elle parlait parce qu'elle pouvait parler et les mots sortaient de sa bouche comme des rafales de mitraillette ; elle riait beaucoup. Stockman, à côté d'elle, fumait cigarette sur cigarette et buvait du vin en silence. L'assistante éditoriale resta une demi-heure et nous quitta ; elle remonta vers l'entrée du bar en se tenant à la rampe, mal assurée sur ses talons hauts, puis disparut dans la nuit. J'aurais dû la raccompagner jusqu'à sa voiture, mais n'en fis rien. Au lieu de ça, je restai les yeux rivés sur les lèvres peintes de N. tandis qu'elle cherchait à me convaincre de son bonheur actuel ;

parfois, elle prenait la main de Stockman avec force, la serrait ; elle se penchait vers lui, posait sa tête sur son épaule. Il ne bougeait pas, ne réagissait pas à ces élans amoureux de N. que j'avais connus par le passé et qui, même si je n'étais plus concerné, me tapaient toujours sur les nerfs. Ensuite, elle fit allusion au fait que Luís était musicien.

"Je ne suis pas musicien, rétorqua-t-il, brisant pour la première fois le silence qu'il observait depuis notre arrivée. Je suis prof de musique et, occasionnellement, pianiste.

— Quelle est la différence ? demandai-je, avec un rire un peu stupide.

— La différence est énorme", dit-il, avant de boire une gorgée de vin et d'allumer une autre cigarette. N. s'écarta ; je vis dans ses yeux le respect qu'elle avait pour les idées de Stockman. "Savoir jouer d'un instrument, savoir enseigner, c'est une chose. Être capable de créer à partir de rien, et le faire dans la durée, c'en est une autre.

— Question de sémantique, tu ne crois pas ? lui opposai-je.

— Tu considères que tu es un écrivain ? m'interrogea Stockman en retour.

— Je crois que oui, répondis-je avec un brin d'arrogance. Vu que j'ai créé quelque chose à partir de rien.

— Un livre ne fait pas de toi un écrivain. Ça fait de toi, à la rigueur, quelqu'un qui a eu la chance de parvenir au bout du premier kilomètre d'un marathon.

— Mais tu composes, intervint N., en regardant Stockman. Des compositions splendides.

— Il y a des écrivains d'un seul livre, et on les appelle bien écrivains, indiquai-je.

— Avec qui es-tu en train de te comparer ? lança Stockman, qui semblait émerger violemment d'un rêve. Avec Salinger ? Tu prévois donc de léguer ton œuvre au monde et de te réfugier dans une cabane, au milieu des bois, jusqu'à la fin de tes jours ?

— Salinger a écrit plusieurs livres.

— Mais il n'est connu que pour un seul.

— Il y a Swift aussi, répliquai-je. Ou Daniel Defoe.

— Ou Adolf Hitler", cingla Stockman.

Une tension resta dans l'air pendant quelques secondes. Pour la première fois depuis que je la connaissais, N. restait muette, en se mordant la lèvre inférieure. Finalement, le pianiste – ou le professeur de piano – déclara :

"Parler de Salinger ou de Daniel Defoe pour toi, c'est comme si j'évoquais au sujet de mon travail Liszt ou Glenn Gould. Il faut rester prudent quand on se lance dans des comparaisons. On court toujours le risque de ressembler à des barracudas qui se prennent pour des dauphins.

— C'est complètement con, comme image, ripostai-je en finissant mon vin, à moitié ivre. Quel rapport entre un barracuda et un dauphin ?

— Ils aiment l'eau tous les deux, dit Stockman. Seulement, les dauphins sont des mammifères beaux et intelligents, et les barracudas des poissons hideux, stupides et opportunistes qui mordent à tout ce qui brille."

La conversation en resta là. Je me murai dans le silence et Stockman se replia derrière son opacité stoïque. Il remit ses lunettes noires et finit la bouteille de vin en fumant les cigarettes de N. Elle avait l'air désolée, presque triste – comme si, en organisant cette rencontre, elle s'était imaginé que nous allions probablement nous quitter en étant les meilleurs amis du monde, unis par des choses plus spirituelles que la passion amoureuse, par des liens moins fragiles que la sexualité. En vérité, quand nous sortîmes, nous n'avions plus le moindre enthousiasme. J'étais à moitié soûl et j'avais envie de ramener N. chez moi et de coucher avec elle, pour me venger de ce que j'avais interprété comme de la suffisance intellectuelle de la part de son nouvel amant (alors qu'il était parfaitement sincère, mais je ne le savais pas encore). Quant à Stockman, il était impossible de dire à quoi il pensait. S'il était amer ou contrarié à cause de notre conversation, il n'en laissait rien voir.

J'oubliai bien vite cette soirée. La vie reprit son cours et le pianiste allait bientôt disparaître de mes souvenirs quand, quelques semaines plus tard, je reçus un appel de sa part. C'est N. qui lui avait donné mon numéro, même si – et il tint à me le signaler au téléphone – ils n'étaient déjà plus ensemble. Il me proposa d'aller boire un verre ; je voulus savoir pourquoi. Il répondit que, si un verre c'était trop demandé, on pourrait peut-être prendre un café après le déjeuner. Et c'est ainsi que l'on se rencontra seuls tous les deux pour la première fois, dans un café bondé du Chiado, des retrouvailles complètement inattendues au cours desquelles nous échangeâmes sur les impressions que chacun avait gardées de l'autre. Étonnamment, elles coïncidaient, et elles n'étaient franchement pas fameuses : chacun avait pris l'autre pour quelqu'un de sinistre et d'ombrageux, que tout semblait désespérément promettre à l'échec. Mais si Stockman avait décidé de me téléphoner pour me rencontrer, c'était parce qu'il avait lu mon livre. Il l'avait acheté lors de la soirée de présentation, contrairement à la plupart des gens qui étaient venus ; il l'avait lu du début à la fin, minutieusement, avait pris des notes dans les marges, souligné les passages qui l'intéressaient le plus.

"Ce soir-là, tu t'es peut-être dit, après le dîner, que c'était N. qui voulait rester, me raconta-t-il. En vérité, c'était moi. Et tu sais pourquoi ?

— Tu vas me le dire.

— Parce que je n'arrivais pas à croire que tu puisses être aussi bête que tu en avais l'air."

Cette sincérité désarmante, que je n'avais jamais rencontrée chez personne, me fit d'abord rire, puis je devins subitement grave et essayai de reconstituer le fil des événements. Il est vrai que je m'étais conduit comme un imbécile. J'avais débité un discours incompréhensible, fixé N. et Stockman avec bien trop d'insistance, j'avais été désagréable avec les gens qui m'entouraient, je m'étais montré jaloux et possessif. Il était évident que j'étais passé pour un minable ; évident aussi que je n'avais fait qu'aggraver mon cas lorsque je m'étais lancé avec Stockman dans une absurde conversation sur l'art, copieusement arrosée de vin rouge.

"Ça n'a dû que te conforter dans tes premières impressions, dis-je.

— Je ne peux pas dire le contraire, en effet. Seulement, après, je me suis mis à lire ton livre."

Ce qu'il allait me dire par la suite fut essentiel pour notre relation. Ce fut un de ces moments où, de part et d'autre, les frontières habituelles, les lois qui régissent les rapports entre deux personnes sont tout à coup abolies, où une flamme s'allume qui dure le temps de l'amitié. Difficile de se rappeler toutes ses paroles, car Stockman me rendait nerveux – ou du moins l'écoutais-je en redoutant qu'il ne sorte une chose terrible de sa bouche. Évidemment, j'avais déjà pour lui du respect, beaucoup plus que ce qui aurait été normal à l'égard d'un inconnu : son allure, ses gestes, sa rigueur le justifiaient. Et parce que je le respectais, je le craignais également. Ce moment clé se traduisit par une phrase que Stockman proféra, la seule qu'il me fut impossible d'oublier :

"Ce n'est pas un grand roman, commença-t-il. Mais il est chargé d'une telle émotion qu'on lui pardonne ses défauts. Ce qui te manque en cervelle, tu le compenses mille fois avec le cœur."

On ne dit pas ces choses-là à un étranger. On ne fait pas ce genre d'éloge – pour autant qu'on puisse parler d'éloge – à quelqu'un qui vous a traité avec défiance et morgue. J'eus envie de le prendre dans mes bras. De faire le tour de la table du café et de l'étouffer sous de fraternelles accolades, de lui dire qu'il se trompait, que c'était lui qui était un homme bon, ou du moins un homme honnête ; que, même si une poignée de critiques s'étaient montrés élogieux à l'égard de mon livre, même s'ils avaient utilisé des épithètes absurdes et inutiles pour qualifier mon écriture, tout cela n'était que mensonges, expressions toutes faites et tape-à-l'œil, rien de comparable avec ce que Stockman venait de dire, une vérité que moi-même j'ignorais jusqu'alors.

C'est peut-être cela qui me lia à Stockman dès cet instant, et à jamais.

Dans la première partie de cette œuvre, tout est absolument authentique et absolument faux. Je me suis vu dans l'obligation, vu les circonstances, de changer les noms d'une grande partie des personnages : bien sûr, Hugo ne s'appelait pas Hugo ; pas plus que sa sœur ne s'appelle Julia, ou son neveu Mateus. Franco non plus ne s'appelle pas Franco. Je les ai rencontrés, évidemment : avant et après la disparition de Stockman. J'ai inventé deux ou trois choses en cours de route : le personnage de Dulcineia, par exemple ; je sais que la sœur et le beau-frère de l'homme qui s'est suicidé avaient une bonne, et qu'elle fit partie du monde que Hugo trouva à son retour à Lisbonne, mais je n'ai aucune idée de son apparence physique ni de son nom. Il me semblait juste, alors, qu'il en aille ainsi : au milieu de l'enfer que dut être la vie du contrebassiste, je me devais de lui offrir quelque chose qui ressemblât à de l'amour pour panser ses plaies. Ce que j'ai tenté, de cette façon, c'était de rétablir un peu de justice au profit d'une personne que je ne connaîtrai jamais, une personne qui a changé le cours de la vie de Stockman mais aussi, dans une certaine mesure, par un jeu d'invisibles intrications, le cours de la mienne.

Tout cela pour dire que jamais je n'avais prévu d'écrire ce livre. Mais, dès lors que j'ai résolu de le faire, il me semble relever du plus élémentaire bon sens d'accomplir ce travail avec honnêteté. Si je respecte Stockman, je dois aussi bien respecter Hugo. J'ai eu le privilège de connaître intimement le premier. J'ai le désavantage de ne pas avoir connu le second. J'ai donc cherché à faire le portrait de cet inconnu comme si je pouvais me glisser dans sa peau, en imaginant ses dernières heures à travers des tiers : à partir de conversations avec mon ami, avec des membres de sa famille. J'ai essayé de les imaginer telles que Hugo les a vécues, avec ce qui était peut-être sa façon de voir la réalité, nécessairement différente de celle de son entourage. C'est cela le défi d'un écrivain, me semble-t-il : trouver la vérité d'un certain point de vue. L'imagination a aidé, bien sûr. Elle aide toujours, quand il s'agit de fiction. Elle aide également dans notre vie de tous les jours, pour que celle-ci ne devienne pas une sorte de cocon, trop refermée sur elle-même, trop étriquée. Je n'ai jamais écrit un livre où tout était complètement faux – tous, je crois, contiennent une grande part de vérité, la fiction me servant de levier. Mais jamais je n'ai écrit un livre aussi vrai que celui-là, qui ait exigé autant de ma part. La mémoire, comme on sait, est une chose douloureuse.

Trois jours après la mort de Hugo, Stockman alla rendre visite à la mère du suicidé. La lettre l'avait profondément troublé. Il était tout à coup incapable de penser à autre chose qu'à cet homme qui, un soir, était entré dans sa loge et avait déclaré être son frère ; qui croyait l'avoir assassiné ; qui avait consigné sur une partition la composition que Stockman tournait et retournait dans sa tête depuis si longtemps. Dans un courriel, mon ami me raconta que la mère avait souhaité le rencontrer.

“Elle aimerait vous parler, lui avait dit l'enquêteur. Je l'ai eue au téléphone. Apparemment, tout ça l'a pas mal secouée, elle aussi. Dans le cas où vous seriez d'accord, elle m'a chargé de vous donner ses coordonnées.”

Stockman alla la voir à la rédaction du magazine de déco. Les funérailles avaient eu lieu deux jours plus tôt, et elle était vêtue de noir de la tête aux pieds. D'après lui, c'était une femme très affable, qui avait entre soixante et soixante-dix ans, les cheveux blancs, des traits délicats. Ils s'assirent face à face et une secrétaire vint leur servir du thé.

La mère de Hugo était belle, sensible et d'une tristesse insondable. Elle parlait comme si tout cela avait été inévitable, comme si le destin l'avait préparée depuis toujours à cet instant tragique où un de ses enfants mourrait avant elle. Elle lui raconta que Hugo lui avait récemment rendu visite, après trois années d'absence. Son fils vivait à Montréal et ne venait donc que rarement au Portugal ; depuis l'adolescence, cependant, il était toujours resté distant vis-à-vis de sa famille.

"Je crois qu'on était coupables à ses yeux, lui dit-elle en buvant son thé. Coupables de tout. Quand il vivait ici, il nous reprochait d'être trop présents. Quand il est parti, il nous a reproché d'être absents. Je ne sais pas pourquoi. On a toujours tout fait pour qu'il se sente bien. Mais c'était quelqu'un de malheureux. Ça se voyait dans son regard."

Elle évoqua les problèmes dont souffrait son fils. Il buvait trop, avait de fréquentes crises de dépression et ne cherchait que rarement de l'aide. Il était venu la voir parce que, peu après son retour à Lisbonne, il s'était retrouvé sans un sou. La seule chose qui lui importait, c'était sa vieille contrebasse, achetée en contractant un emprunt qu'il n'avait probablement jamais réussi à rembourser. Il n'avait guère de talent, d'après sa mère ; ou, s'il en avait, il tardait à être reconnu, ce qui alimentait une espèce de paranoïa à l'origine, ces derniers mois, d'un problème plus sérieux.

"Il était convaincu, après vous avoir vu en concert, que vous l'aviez plagié, expliqua-t-elle, les yeux humides. D'où la lettre qu'il vous a laissée."

Elle prononça ces mots sur le ton du regret, comme si elle tentait d'expier les péchés de quelqu'un d'autre, ou comme si elle cherchait une façon de le consoler. Stockman répondit que cela n'avait pas d'importance. Il lui raconta qu'il avait rencontré Hugo ; que ce soir-là il était apparu avec ses lunettes sur le nez, une paire qu'il avait perdue peu auparavant. Hugo lui avait déclaré qu'ils se connaissaient depuis toujours, insinuant qu'ils étaient jumeaux. Des larmes se mirent à couler sur le visage de la femme, qui n'en gardait pas moins les yeux fixés sur lui. Ce qu'elle lui exposa ensuite, me dit-il, l'ébranla profondément. Hugo avait une sœur jumelle ; mais, à la naissance, il y avait eu un troisième enfant, le vrai jumeau de Hugo, qui était mort après six heures de vie.

"Peut-être n'a-t-il jamais réussi à surmonter cette perte, ajouta la femme en séchant ses larmes avec un mouchoir en papier. Qui sait ?"

La conversation touchait à sa fin. Elle ne lui dit pas clairement pour quelle raison elle avait souhaité le rencontrer, même si Stockman avait le sentiment que, dans le fond, c'était une façon pour elle de réparer ce qui ne pouvait l'être : son fils s'était suicidé et avait laissé une lettre dans laquelle il avouait avoir tué un homme qui se trouvait maintenant assis en face d'elle. Peut-être avait-elle senti qu'il était de son devoir de parler à cet homme et de lui donner des explications ; peut-être était-il important que cet inconnu connaisse les origines de son fils.

Ils se quittèrent en se saluant cordialement. La femme le regarda avec affection ; ses yeux gonflés par les sanglots firent de la peine à Stockman. Mais mon ami n'était déjà plus tout à fait là. Toute cette histoire au sujet du jumeau mort l'avait jeté dans l'abîme, il était en pleine chute libre et s'approchait dangereusement du fond du précipice. Il est difficile de dire exactement ce qui se passa dans son esprit – si Stockman commença dès lors à croire qu'il était le jumeau perdu de Hugo ; s'il commença à croire à cette prémisse impossible que suggérait la partition écrite par l'autre.

Dans un de ses courriels, quelques mois plus tard, il m'écrivit ceci : *Je suis d'humeur ombrageuse. Que cela signifie-t-il, sinon qu'une ombre plane au-dessus de moi ?*

Luís partit pour Montréal à la fin de cette semaine-là. Il acheta ses billets, réserva une chambre dans un hôtel, ne dit au revoir à personne. Son premier coup de fil à quelqu'un de Lisbonne, pour autant que je sache, c'est celui qu'il me passa au milieu de la nuit. Je doute, cependant, qu'il soit parti là-bas sans avoir fait quelques préparatifs. Il devait certainement connaître quelqu'un à Montréal lié au monde de la musique ; il avait joué avec nombre de formations de jazz, de différents pays, à l'époque où il n'était pas encore célèbre. La deuxième fois que nous nous parlâmes au téléphone, tard dans la nuit, il m'annonça avoir quitté l'hôtel des premiers jours et s'être installé chez un dénommé Miles Drummond, un batteur américain d'une soixantaine d'années avec qui il avait joué dans un petit festival à Glasgow. C'est Drummond, qui connaissait tout le monde du jazz à Montréal – et qui avait déjà entendu parler de Hugo, sans jamais l'avoir rencontré –, qui mit Stockman en contact avec Édouard*, le pianiste avec qui il avait pris ses premiers cours de musique.

* Il va sans dire qu'Édouard n'est pas son véritable prénom.

“Nous nous sommes vus hier”, m’informa Stockman. J’avais recommencé à fumer et, pendant nos longues conversations, j’allumais cigarette sur cigarette.

Le pianiste vivait dans une maison modeste, rue de Gaspé, avec un petit jardin à l’arrière. Ce jour-là, il y avait une fête dans le quartier ; un groupe mexicain jouait au milieu de la rue étroite. Il faisait chaud, une chaleur très humide, et, à son arrivée, sa chemise était trempée. Il fit la connaissance de la femme d’Édouard, une Française, grande et mince, très stressée avec leurs enfants. Édouard était petit, de type maghrébin avec de fines moustaches. Il lui faisait penser à un acteur de cinéma muet. Ils prirent place au milieu de la rue, sur des chaises pour enfants, pendant que le groupe se produisait et que les voisins piochaient des bières dans une glacière. Les gamins jouaient au ballon, à la toupie. Stockman commença par dire que, comme annoncé au téléphone, il était un ami de Hugo et qu’il jouait aussi du piano. L’autre répondit que Drummond lui avait parlé de lui. Édouard était-il au courant de ce qui s’était passé ? Quand Stockman eut fini de le lui raconter, Édouard sembla se troubler un instant ; puis un enfant aux vêtements tout sales vint lui demander de l’argent pour acheter une glace. Il sortit deux pièces de la poche de son bermuda et les donna au petit qui fila au bout de la rue.

“Venez à l’intérieur”, proposa-t-il à Stockman.

Édouard boitait. Ils s’installèrent sur le canapé du salon, la pièce était insupportablement humide, rafraîchie seulement par un ventilateur au plafond dont les pales tournaient avec quelque chose de menaçant. Édouard s'épongea le visage et les moustaches avec un mouchoir. Puis il posa une jambe sur la table basse.

"Vous m'excuserez. J'ai été renversé il y a quelques mois. Cette jambe ne s'en est jamais complètement remise." Ils restèrent silencieux quelques secondes. "J'étais sous le choc. C'est passé, maintenant. Je m'attendais à quelque chose, je savais que cette semaine il allait arriver un truc terrible. J'ai ce genre de pressentiment de temps en temps.

— Vous ne pouviez tout de même pas deviner ce qui s'est passé, affirma Stockman.

— Si ce n'était pas arrivé là-bas, ce serait arrivé ici, vous savez, répondit Édouard. Il y a longtemps qu'on voyait qu'il était sur une autre planète.

— Vous pourriez m'en dire plus ?

— Vous étiez amis ?

— On se connaissait.

— Pourquoi cette curiosité, alors ?

— Il m'a laissé une lettre.

— Je ne comprends pas.

— Il est possible qu'on ait des liens de parenté, je ne sais pas."

Édouard marqua un temps d'arrêt. Puis il haussa les épaules.

"C'était un type ambitieux. Terriblement impatient, mais ambitieux. Quand il est arrivé ici, il ne connaissait rien de rien à la musique. Deux ans plus tard, on jouait déjà ensemble. Et la contrebasse, c'est un foutu instrument." Il fixa Stockman. "Maintenant que vous m'avez dit ça, j'arrive à voir les ressemblances entre vous. Amusant. C'est comme s'il était là, en train de me regarder.

— Je ne suis pas Hugo.

— Je sais. Mais bon, si vous faites partie de la famille, je doute de pouvoir vous aider. Il parlait très peu de la question. Vraiment très peu. Je savais qu'il avait une sœur, et c'est à peu près tout. Pour ces choses-là, il y a peut-être quelqu'un qui le connaissait mieux que moi.

— Qui ?

— Une fille qui s'appelle Catherine, qui répare des instruments à cordes. Elle vit rue Jeanne-Mance, je crois. Je peux vous donner son téléphone, si vous voulez.

— Merci.

— Du reste, à la fin, ç'a été terrible. On se voyait très peu. Il pouvait se passer des semaines sans qu'on se parle. Il buvait beaucoup. Il vivait seul, dans un quartier loin d'ici. Puis les choses se sont aggravées. Il était couvert de dettes. Il n'arrivait plus à jouer. Bref, un désastre.

— Vous a-t-il parlé une fois d'une composition ?

— Quelle composition ?

— Une chose dont l'écriture était en cours."

Au-dehors, le bruit des enfants. Édouard replia les jambes et s'accouda sur ses genoux.

"Difficile à dire. Je vous ai déjà indiqué qu'il était ambitieux. Trop, peut-être. J'ai passé ma vie à jouer, je suis musicien depuis l'âge de quinze ans. Lui en avait déjà trente quand il est venu me trouver et il avait l'air complètement paumé. Un type qui ne savait absolument pas quoi faire de sa vie. Il avait vu quelques concerts de jazz pendant le festival et, tout à coup, il avait décidé que c'était son truc. Je me suis dit que ça allait durer deux ou trois mois et puis qu'après son enthousiasme allait retomber. Mais il a persévéré. Il a appris, il a joué au point d'avoir les doigts en sang, puis ils sont devenus calleux, il a vraiment bossé dur. Il avait la musique dans la peau. C'est difficile à expliquer. C'est comme si Dieu – il brandit la main vers le plafond – avait décidé que cet homme ne devait découvrir le sens de sa vie qu'une fois qu'il serait trop tard. Pour autant que la vie puisse avoir un sens. On ne devient pas musicien à trente ans. Dans le meilleur des cas, on devient un instrumentiste potable. Mais un musicien, franchement, je ne sais pas, j'ai de grands doutes. Vous me demandez s'il m'avait parlé d'une composition, je répondrai que non. Jamais. Même si je sais, j'en suis même certain, qu'il voulait composer. Oui, il composait probablement quelque chose."

Les Mexicains s'étaient remis à jouer. Quelques bribes d'une chanson mélancolique entraient dans le salon pour disparaître aussitôt. Le gamin qui avait demandé des sous pour une glace entra par la porte de devant, les doigts dégoulinant de chocolat.

"Attention de pas tout saloper", lança sèchement Édouard. Le gamin l'ignora et sortit dans le jardin. Édouard se tourna de nouveau vers Stockman. "Mais pourquoi est-ce que vous voulez en savoir plus ? Vous pensez qu'il avait fait quelque chose d'intéressant ?

— Je crois, oui, répondit Stockman. Il a écrit un morceau. Un truc court, mais très bien fait.

— J'aimerais beaucoup pouvoir l'entendre.

— Je peux ? demanda Stockman en désignant le piano installé contre le mur.

— Je vous en prie."

Luís s'assit et joua le thème dont l'autre avait écrit la partition. C'était comme si cette composition avait toujours été là, au fond de lui-même.

“C’est vraiment beau, réagit Édouard, ému. Ça porte un titre ?

— *Dulcineia.*

— Comme dans *Don Quichotte* ?

— Comme dans *Don Quichotte*, confirma Stockman.

— Bon, mais s’il l’a écrit, ce thème, pourquoi toutes ces questions ?”

Stockman ferma le piano.

“Parce que ça fait des années que j’ai exactement le même dans la tête.

— C’est une plaisanterie ?

— Comme vous étiez amis, je me disais que vous saviez peut-être comment il en était arrivé à cette mélodie.

— Je n’en ai pas la moindre idée, répondit Édouard, troublé. C’est la première fois de ma vie que je l’entends.”

Pendant plusieurs semaines, je restai sans nouvelles de Stockman. J’étais inquiet, bien évidemment, mais pas plus que cela. Je connaissais le garçon. Qui plus est, c’était l’été, une période de l’année qui se prête particulièrement aux démarches infructueuses. Je pensai, à tort, que ce n’était qu’une extravagance de mon ami. Ou que, d’une manière ou d’une autre, il s’était lassé de la vie qu’il avait menée ces derniers temps. Stockman n’était pas un type taillé pour le succès. Il était trop étrange ; trop génial et trop ambigu pour que les attentes constantes de la presse, des critiques et du public ne finissent pas par lui être insupportables. Peut-être était-il inévitable, pensai-je, que dans une période de pression accrue – plusieurs concerts importants étaient programmés ces mois-là – il craque, annule tout et se lance à la poursuite d'une chimère.

Une autre intuition, que je décidai d'ignorer, me laissait pourtant penser que je me trompais. Stockman n'était pas du genre à se repaître de chimères, à moins que celles-ci ne soient riches de promesses. Une fois, il était parti en Alaska pendant un mois. C'était une aventure planifiée, certes, mais cette fois-là non plus il n'avait pas donné beaucoup d'explications. J'ignore les détails du voyage, mais je sais qu'il était revenu avec des centaines de photos qu'il avait prises avec le vieil appareil qui appartenait à son père. Il m'invita chez lui un soir – à l'époque, il vivait dans un appartement près du château, où il recevait très rarement. Lorsque j'arrivai, Stockman avait développé ses photos, agrandi les meilleures et en avait recouvert les murs. J'avais rarement ressenti une impression aussi étrange qu'en pénétrant dans cet endroit, avec le piano à queue au centre et tout autour des paysages désertiques et glacés, lunaires eût-on dit. Les photos étaient aussi somptueuses que celles d'un professionnel ; comme dans tout ce qu'il faisait, Stockman y avait mis une touche de génie. Pourtant, la photo était un exercice qui ne l'intéressait qu'en tant qu'adjuvant de son activité principale : il voulait composer en étant entouré d'un paysage où prédomineraient les bleus célestes, les blancs et les gris. Sur une image dont je me souviens de manière précise, prise à Kodiak, un ours polaire se promenait sur la glace, avec une montagne en arrière-plan. J'ignore comment Stockman était parvenu à s'approcher autant d'un ours ; je ne lui ai jamais posé la question. C'est au milieu d'un tel décor qu'il commença à composer les dix morceaux qui, plus tard, allaient constituer son premier (et unique) album. Un décor désolant, mais qui dégageait une grande force, à l'image de sa musique.

Tout cela pour dire que la découverte de soi a toujours été une des préoccupations de mon ami. Combien d'entre nous pourraient en dire autant ? On passe sa vie occupé à des choses triviales ; on passe des heures, des journées, à essayer de résoudre les problèmes pratiques du quotidien. Rien de plus normal. Mais, très tôt, Stockman a rejeté cette approche de la réalité. Lors du passage à l'âge adulte – que j'associe toujours, pour je ne sais quelle raison, à ce moment de gêne, certes, mais de courage aussi, le jour où il s'était masturbé devant la mère d'un copain de classe –, quelque chose en lui changea radicalement. Il cessa d'être un adolescent apathique pour devenir un homme conscient de la brièveté de la vie, inquiet, introspectif – *profond*.

Le mot est galvaudé. Aujourd'hui, si l'on dit de quelqu'un qu'il est profond, c'est souvent avec ironie ou dédain, voire les deux. Mais c'est le qualificatif qui convient le mieux au pianiste. Stockman est la seule personne que j'aie connue qui s'intéressait à la spiritualité sans une once de cynisme. Il n'était pas attiré par les religions, les rites ou les modes ; il était indifférent à ce que les autres pensaient de lui ou de son attention extrême à la condition humaine. Il était sincèrement préoccupé ; c'est pourquoi il traversait fréquemment des périodes de désespoir ou d'angoisse, sombrant dans le pessimisme ou le défaitisme le plus oppressant. C'est l'impression qu'il m'avait faite lorsque je l'avais rencontré : il me semblait défait. Mais, comme tout un chacun, j'émets parfois des jugements à l'emporte-pièce ; à croire que je n'ai pas la même vocation que Stockman pour la vérité.

Bref, pour toutes ces raisons, je ne m'en fis pas outre mesure. C'était une nouvelle aventure de mon ami en quête d'épiphanie. Il l'atteindrait bien, un jour ou l'autre. Cette histoire était la plus étrange et la plus surnaturelle qu'il m'ait racontée jusqu'alors, et la description de sa rencontre avec la mère de Hugo m'avait plongé dans une profonde tristesse. Cependant, avec mes deux filles en vacances scolaires, ma femme constamment absente à cause de son travail, et le nouveau roman que je commençais (sans avoir la moindre idée de la direction que je voulais ou devais prendre), j'avais l'esprit bien occupé.

Un matin, fin juin, alors que Teresa vivait encore chez Stockman, je tombai sur elle dans la rue. Nous avions l'habitude de fréquenter la même librairie, et il nous était déjà arrivé de nous croiser comme ça, par hasard. Elle aimait les livres, moi aussi. Je la vis sortir de la librairie, chargée de deux sacs bien lourds, et lui proposai mon aide. Elle fit mine d'être toute joyeuse, sans être très convaincante car ses yeux, pétillants normalement, étaient ternes comme deux fenêtres embuées. Elle était allée au supermarché, puis s'était ensuite acheté une série de livres de théâtre. Elle porta ses courses, et moi les livres. Je l'accompagnai jusque chez elle, non loin de là. Nous échangeâmes des banalités, je m'efforçai d'éviter le sujet Stockman.

Lorsque nous arrivâmes et que j'entrai dans leur maison, une construction de deux étages avec un balcon sur lequel Teresa faisait pousser des fleurs, je sentis la présence de Luís. J'en eus des frissons. Je traversai rapidement le vestibule en direction du salon. Rien n'avait changé : le piano, le canapé, le comptoir de la cuisine, la table couverte de livres. Pourtant, il manquait quelque chose d'essentiel. Teresa gagna la salle de bains. Imprudemment, je me mis à parcourir le couloir. Je jetai un œil sur les partitions de Stockman, les centaines de cahiers à couverture bleue, tous noircis d'annotations, qu'il gardait sur une étagère. Au fond, la chambre ; à gauche, le studio. À l'autre bout de la maison, j'entendis de l'eau couler dans la salle de bains. J'ouvris la porte du studio et entrai.

Tout y était sens dessus dessous. Certaines touches du piano droit étaient cassées. La table à laquelle Stockman avait l'habitude d'écrire était ensevelie sous des papiers griffonnés, des tasses de café renversées, des papiers gras et des mégots de cigarette. Par terre, un matelas, un oreiller et une couverture ; à côté du matelas, une bouteille de whisky et un cendrier rempli. Je remarquai que les photos qui d'habitude se trouvaient au mur – celles qu'il avait prises en Alaska, rapportées de son ancien appartement – avaient été retirées, ne restaient plus que les clous auxquels les cadres avaient été suspendus. Je sentis soudain une présence derrière moi ; je me retournai :

“Je t'ai fait peur”, dit Teresa, en souriant. Je notai comme elle était belle dans cette lumière. “Désolée.”

Elle s'appuya contre le chambranle de la porte et croisa les bras.

“Voilà ton ami. Ou ce qu'il en reste.

— Que s'est-il passé ?

— Ce que je t'ai expliqué au téléphone, quand tu m'as appelée. En faisant semblant de ne pas savoir qu'il était parti."

Je me sentis un peu honteux, mais décidai de me défendre.

"Une connaissance m'avait juste rapporté des rumeurs, me justifiai-je. Mais comme on ne sait jamais ce qui peut traverser l'esprit de Luís, j'avais préféré les ignorer.

— Je comprends.

— Quel chaos ! dis-je, encore incrédule.

— Le studio est exactement comme il l'a laissé.

— Pourquoi ?"

Teresa baissa les yeux. Elle agitait un pied nerveusement.

"Pour qu'il se rende compte de ce qu'il a fait quand il reviendra.

— Ça fait combien de temps que je ne suis pas venu chez vous ?

— Deux mois, environ. Trois, peut-être.

— Et c'est devenu comme ça en si peu de temps ?

— C'est devenu comme ça en une semaine", lâcha Teresa en refermant la porte. Nous regagnâmes le salon ; elle avait fait du café. "Après être allé au commissariat, il s'est enfermé là-dedans. Il jouait toute la nuit, toujours la même chose. Et, pendant la journée, je présume qu'il sortait puisque je retrouvais sa veste abandonnée n'importe où quand je rentrais à la maison.

— Il jouait toujours la même chose ?

— La même mélodie. Comme s'il avait été à la recherche d'une note manquante et qu'à chaque blocage il reprenait tout depuis le début."

À petites gorgées, je bus mon café, qui était trop fort. Je sentis ma poitrine se contracter autour de mon cœur qui s'accélérait.

"C'est surprenant de sa part, commentai-je. S'il y a un domaine dans lequel il n'a pas l'habitude de se retrouver bloqué, c'est bien la musique.

— Tout est surprenant dans cette histoire. On a vécu ensemble pendant presque un an et il a toujours dormi dans le même lit que moi. Si on s'était disputés, j'aurais pu comprendre. Ou du moins j'aurais accepté. Il a décidé d'aller dormir dans son studio sans me donner la moindre explication. Il fermait la porte à clé et, quand il sortait, il emportait la clé avec lui.

— Il s'est barricadé, en fait.

— Complètement. Ensuite, une nuit, j'étais en train de dormir, il est entré dans la chambre et il a allumé la lumière. Je ne sais pas l'heure qu'il était. C'est la dernière fois qu'il m'a parlé. Il est resté à l'entrée, les cheveux en pétard, on aurait cru qu'il venait de se battre contre une bête sauvage. Je lui ai demandé ce qui se passait et il m'a juste répondu : « Je pars. » Où ça ? « À Montréal. » Il a éteint la lumière et refermé la porte. J'étais un peu sous le choc, mais je n'ai pas voulu prendre ça trop au tragique." Elle posa sa tasse de café sur la table basse et se rongea un peu les ongles. "Je me suis dit : il délire, ça va lui passer. Seulement, le lendemain, il était parti." Teresa fit une pause et poussa un long soupir. "J'avais entendu l'histoire que les policiers lui avaient racontée devant chez nous. Au sujet de l'autre fou qui s'est suicidé et qui a laissé une lettre expliquant qu'il l'avait assassiné, tout ça. Mais c'est à partir du moment où il est allé parler à l'enquêteur que les choses ont changé.

— Luís ne t'a pas dit de quoi ils avaient parlé ? demandai-je.

— Non.

— Il ne t'a pas dit ce qu'il y avait dans cette lettre ?

— Non plus.

— Tu veux le savoir ?" Il me semblait qu'elle en avait le droit. Elle fit non de la tête.

"Il est en danger ?

— Pas à ma connaissance, non.

— Alors, je préfère ne pas savoir. Je préfère qu'il règle ce qu'il a à régler et, quand il pensera que le moment est venu, qu'il rentre à la maison."

Je la quittai ce matin-là avec le pressentiment que Stockman ne reviendrait jamais. Mais, de retour à la maison, je retrouvai mes filles – la plus grande s'était occupée de la plus jeune pendant que je faisais ma promenade matinale, elles se plaignirent d'avoir faim, j'avais oublié de leur préparer le petit-déjeuner – et effaçai bien vite ce présage de mes pensées.

Peu après, Stockman rencontra Catherine. Il m'écrivit un long courriel à son sujet et je compris immédiatement qu'il était dans une mauvaise passe. Ou plutôt : que nous étions dans une mauvaise passe. Lui, en sa condition d'homme à la recherche de son ombre ; et moi, dans la condition de l'ami incapable de le tirer d'affaire.

Les femmes ont toujours eu une grande importance dans sa vie. Il avait beau nier (il ne se privait pas de le faire), je ne l'ai jamais connu complètement seul, sans quelque histoire romantique en cours, sans qu'une fille plus ou moins exaltée, plus ou moins hallucinée, ne s'entiche de lui, avant de finir profondément meurtrie. Stockman ne pouvait s'empêcher de conquérir, puis de rejeter. Sa liaison avec Teresa avait été comme un bol d'air au milieu d'un endroit sans oxygène ; je crois, cependant, qu'il n'y avait pas de place au fond de lui-même pour quelqu'un d'autre. C'était un éternel insatisfait – c'est peut-être pour cette raison qu'il travaillait tant –, et aucune relation ne pourrait jamais remédier à cette insatisfaction-là.

C'est sans doute cruel, mais il me semble que Teresa aura plus servi à combler un manque qu'elle n'aura été sa compagne. Son premier album avait fait un tabac et Stockman était sollicité de toutes parts. Teresa lui offrait comme un havre de paix, elle était là pour le réconforter quand il rentrait à la maison. Mais c'est elle aussi qui l'aiguillonna quand il en eut le plus besoin. Il y eut tant d'hésitations pour ce disque et il était tellement perfectionniste que le dernier producteur qu'il avait engagé – ils étaient déjà nombreux à avoir laissé tomber le projet – était au bord de la crise de nerfs après des mois d'enregistrements avortés. Teresa surgit dans sa vie et parvint à inverser le cours des événements. Stockman enregistra son album, quitta l'appartement chaotique dans lequel il vivait, et ils s'installèrent ensemble dans une maison. J'ignore comment s'est débrouillée Teresa, mais le fait est que ces progrès coïncident avec son arrivée.

C'est ici que revient le thème des jumeaux. J'ai appris par exemple que, le soir où Hugo est allé au concert de Stockman au Colisée, il était accompagné d'une femme. Je n'ai jamais su qui c'était, et ne cherche pas à le savoir. Ceux qui connaissent mes livres savent pertinemment que cette Elsa Gorski n'existe pas, que c'est un personnage de roman, tout droit sorti de mon imagination. Malgré tout, il m'a semblé qu'elle serait la compagne parfaite pour cette soirée au cours de laquelle Hugo découvrit l'existence de son double. S'il était dans le vrai, si Stockman et lui étaient jumeaux, alors il me semblait juste que, les femmes ayant provoqué ou du moins catalysé une série d'événements importants dans la vie de Stockman, elles jouent également un rôle de premier ordre dans la vie de Hugo.

Le courriel de Stockman.

J'en pris connaissance par un après-midi de canicule, fin août, tandis que ma femme et mes filles étaient parties passer une semaine de vacances à la campagne. J'avais la maison pour moi tout seul, et j'en étais ravi. Je ressentis un choc quand, en allumant l'ordinateur, je vis que j'avais un message de Luís. À vrai dire, ce n'était pas un message : c'était une lettre. Dactylographiée, elle aurait été longue de plusieurs pages, peut-être autant que celle que Hugo avait laissée à l'intention de Stockman. Je fus stupéfait par la taille et par la complexité du texte. Mon ami n'était pas un grand adepte des ordinateurs. Il n'avait adopté la messagerie électronique que tardivement, surtout à cause de ses obligations professionnelles et sur l'insistance de son agent. Quand il écrivait, c'était par phrases courtes, mal ponctuées, sans le soin qu'une personne plus attentive accorde à la syntaxe, à la grammaire. Ce courriel, cependant, n'était pas comme les autres. Il m'apparut comme une vague de mots s'étirant à perte de vue, avec cet ordre invisible dont on devine l'existence dans un bloc de texte qu'on n'a pas encore lu, mais dont on pressent que c'est un travail d'une grande précision. Ce n'était pas courant chez lui.

Je passai plusieurs heures à le lire. Il me fallut dix minutes la première fois, puis je multipliai les lectures tout au long de l'après-midi, de plus en plus lentement, de plus en plus fasciné, de plus en plus incrédule. Stockman écrivait mieux que moi, mais ce n'est pas ce qui m'étonna le plus. Je savais que mon ami pouvait être génial dans tout ce qu'il entreprenait avec passion. Ce qui me sidéra, ce fut la profondeur inattendue de ses sentiments, la force de ses mots, et, pour finir, le choc de découvrir que, probablement, il ne reviendrait pas ; que je l'avais perdu.

Voilà ce qui arriva : il fit la connaissance de Catherine un jour de grande chaleur. Une chaleur humide si oppressante que, en parcourant le boulevard Saint-Laurent en direction de la Petite Italie, il crut qu'il allait tomber dans les pommes. Il acheta un chapeau dans une boutique au coin de la rue pour se protéger du soleil. Il emprunta la rue Jeanne-Mance, dans un quartier résidentiel avec des bâtiments en briques, aux façades ornées d'escaliers métalliques disposés en diagonale. Il monta par l'un de ces escaliers et frappa à la porte. Une femme d'une trentaine d'années vint lui ouvrir. Quand elle le vit, en nage, les vêtements collés contre son corps si maigre, le visage en partie caché sous le chapeau, elle se jeta dans ses bras. Stockman en eut le sang glacé. C'est précisément ce qu'il écrivit : *J'en eus le sang glacé. C'était, tout à la fois, un jour d'été et un jour d'hiver*. Puis la femme recula d'un pas et, lorsque Stockman eut retiré son chapeau, elle mit sa main devant sa bouche. Stockman remarqua à quel point ses doigts étaient beaux.

"Excusez-moi, dit-elle en français. Je vous ai pris pour quelqu'un d'autre."

Ils se tenaient tous les deux sur le pas de la porte. Catherine, les bras croisés, avait rougi. Stockman sentit une odeur de bois et de vernis depuis l'intérieur de l'appartement. Il se présenta, lui dit qu'il était un ami d'Édouard. Elle lui répondit qu'elle n'avait rencontré Édouard que deux fois. Elle lui demanda si elle pouvait faire quelque chose pour lui, ajoutant que, s'il avait besoin d'aide pour un instrument, il aurait mieux valu téléphoner d'abord.

"Je vous rappelle quelqu'un", dit Stockman.

Catherine l'observa. Dans ses yeux, il y avait un mélange de familiarité et d'effroi. Elle avait les cheveux frisés, châtain clair, noués en queue de cheval. Par-dessus ses habits, elle portait un tablier beige près du corps, sans doute pour son travail sur le bois.

"Oui, c'est vrai. Quelqu'un que je n'ai pas vu depuis longtemps.

— C'est à cause de lui que je suis ici.

— Je ne comprends pas.

— Je suis musicien, moi aussi. Pianiste."

Stockman se passa la main dans les cheveux et sentit comme il avait transpiré.

"Vous permettez que je rentre ? Il fait une chaleur insupportable."

Catherine hésita un instant, puis s'effaça pour le laisser passer. Il régnait dans l'appartement une extraordinaire fraîcheur, l'air conditionné abolissait la torture de l'été. Ils traversèrent un couloir plongé dans la pénombre, puis franchirent une porte qui s'ouvrait sur un atelier rempli d'instruments. L'espace était exigu, mais parfaitement rangé. Du côté droit, il y avait les contrebasses, de différentes couleurs – du jaune au marron foncé –, les manches posés sur un support horizontal ; au centre, un établi, avec un grand tourniquet, des outils à bois, des pinceaux, des caisses de résonance démontées, des fonds de guitares, des mécaniques, des chevilles, des tasses à café. Sur un cendrier, une cigarette finissait de se consumer ; Catherine prit le mégot et l'écrasa. Une vieille contrebasse, sans cordes, reposait sur son support.

"En ce moment, je suis très occupée par une paire de mandolines", dit Catherine. Elle ouvrit un petit réfrigérateur et remplit deux verres d'eau. Elle lui en tendit un et s'assit sur un tabouret. "Je n'ai jamais travaillé sur des pianos."

Stockman remarqua qu'elle avait un regard sombre, comme s'il lui manquait un élément vital dans le sang et qu'elle souffrait d'une tristesse congénitale. Il s'assit sur une chaise à moitié déglinguée qui se trouvait contre le mur.

"Je ne viens pas pour vous demander de l'aide, répondit-il. Je voulais vous parler de cette personne que je vous rappelle.

— Vous pourriez être jumeaux, vous savez ?

— Je sais.

— Sauf que vous n'avez pas tout à fait la même gestuelle que lui. Vous avez plus d'assurance, peut-être. Ou d'arrogance. C'est vrai qu'il faut du culot pour venir frapper chez une inconnue et rentrer chez elle comme ça.

— C'est une conversation que je serais incapable d'avoir au téléphone.

— Vous êtes parents ?

— Je ne sais pas."

Elle inclina la tête sur le côté, déconcertée.

"C'est-à-dire ?

— Il pensait que oui.

— Pensait ?”

Stockman baissa les yeux. Il remarqua qu’il avait les lacets d’une chaussure défaits. Il songea d’abord à les renouer, comme si cela pouvait repousser indéfiniment l’instant à venir. Puis il avala d’un trait son verre d’eau et lui annonça que l’homme dont ils parlaient était mort. Il lut sur son visage la stupeur, puis l’état de choc, enfin une peine immense. Catherine lui demanda ce qui s’était passé. Stockman fit brièvement le récit de l’étrange suicide. Catherine resta muette quelques minutes. Puis elle se leva et alla s’adosser au mur, les bras croisés.

“Vous êtes venu ici pour me raconter cette histoire ?

— Je suis venu parce que je suis à la recherche d’une réponse. Je l’ai rencontré et, je dois avouer qu’on se ressemblait beaucoup. Mais, moi, je ne croyais pas aux fantômes.

— Et maintenant vous y croyez ?

— Je crois que, s’il était mon ombre, alors je suis aussi la sienne.

— Vous pourriez dire quelque chose qui ait un sens, à la fin ?”

Elle était sur les nerfs, comme si sa tristesse s’était soudain muée en rage.

“Nous avons l’un et l’autre écrit exactement la même composition. Ou plutôt, lui l’a écrite. Il m’a laissé une longue lettre, dans laquelle il disait que j’étais son alter ego, la moitié de lui-même qui lui manquait. Et ensuite, sur une partition, il a griffonné une mélodie que j’étais le seul à pouvoir connaître.

— C’était un homme perturbé, argumenta Catherine. Je ne sais pas si vous êtes au courant. En plus de l'alcool, je pense qu'il tâtait parfois de la drogue. C'était un oiseau de nuit. Il ne mangeait que des cochonneries, restait plusieurs jours sans dormir.

— Ça ne veut pas dire pour autant qu'il était fou.

— Ça veut dire qu'il avait un pied ici et un autre allez savoir où. Je lui ai dit à un moment donné qu'il fallait qu'il s'en aille. Que cette ville allait le tuer. Sa famille lui manquait. J'en étais convaincue, je pensais que ça valait mieux pour lui. Je me disais que ça lui ferait du bien de disparaître pendant quelque temps.

— Il est arrivé exactement le contraire." Elle resta interdite, serra les bras encore plus fort. "Ce n'est pas votre faute, ajouta Stockman, avec douceur. Ni la faute de personne. Si quelqu'un est coupable dans cette affaire, c'est moi, qui ai vécu tant d'années à croire des choses fausses.

— Par exemple ?

— Croire qu'on est original. Qu'on est unique.

— Parce qu'on ne l'est pas ?"

Stockman ne put retenir un sourire ironique.

"Si vous pouviez nous voir côte à côte, vous diriez que vous êtes face à deux hommes différents ?

— Je vous l'ai dit. Votre attitude est différente.

— Oui, j'ai bien compris. Plus arrogante. Je suis peut-être un peu plus hautain. Imbu de moi-même, comme on dit. Mais cela ne tient-il pas à notre éducation, à la vie qu'on a eue ? Imaginez qu'il ait eu une vie plus heureuse. Qu'il ait eu un certain succès, aucun problème avec l'alcool. Vous arrivez à l'imaginer comme ça ? On serait alors identiques, vous ne croyez pas ?

— Finalement, je crois que c'est vous qui êtes devenu fou.

— Je ne suis pas fou du tout ni en passe de le devenir. Au contraire.

— Bien sûr, vous êtes parfaitement lucide, rétorqua Catherine, à la fois sarcastique et découragée.

— Vous avait-il parlé de ça, d'un jumeau ?"

Elle secoua la tête.

"On parlait surtout de Nutella.

— De quoi ?

— La contrebasse qu'il s'est payée. C'est moi qui l'ai remise en état. Il l'a appelée Nutella à cause de la couleur.

— Vous aimiez la musique qu'il jouait ?"

Elle haussa les épaules.

"Je ne l'ai pas entendu jouer très souvent. Il était motivé et travailleur. Ou du moins, il l'a été, pendant quelques années.

— Et vous l'aimiez lui ?

— Dans quel sens ?

— Dans le sens d'aimer. Étiez-vous amoureuse de lui ?"

Catherine détourna le regard.

"C'est très indiscret comme question."

Stockman se leva et s'approcha d'elle. Catherine s'écarta.

"Si je vous la pose, c'est juste parce que j'ai l'impression de vous connaître depuis longtemps.

— On vient à peine de faire connaissance.

— Il travaillait sur une composition, n'est-ce pas ?

— Possible. Il disait souvent qu'il voulait être musicien, pas seulement jouer.

— D'où lui est venue cette composition ? Vous avez une idée de ce qui aurait pu l'inspirer ?

— Vous êtes très bavard, mais vous n'êtes pas foutu de m'écouter. Je vous ai déjà dit, je ne vois pas de quoi vous parlez."

Stockman s'adossa contre le mur opposé, ils se retrouvèrent face à face, les yeux dans les yeux. Puis il essaya quelques notes, trouva le *do* dièse et se mit à fredonner. Il fredonna la mélodie qu'il connaissait sur le bout des doigts. Quand il s'arrêta, Catherine l'observa. Il n'aurait su dire si elle était émue ou s'il lui faisait pitié.

"Alors ? demanda Stockman.

— Ça me rappelle quelque chose, oui.

— Quoi ?"

Elle décroisa les bras, les laissa retomber le long de son corps et leva les yeux au plafond.

"Un soir, il est arrivé ici. Il faisait très froid. Il neigeait peut-être, je ne me rappelle plus. Je me souviens en revanche qu'il a frappé à la porte et m'a tout de suite demandé si j'avais un dictaphone. J'ai voulu savoir pourquoi, il m'a juste répondu qu'il était venu parce que c'était moi qui habitais le plus près. Il semblait habité par une idée et il avait peur de l'oublier. Il était assez tard et je n'arrivais pas à trouver mon dictaphone. Du coup, il est resté dans le salon, à faire les cent pas en fredonnant un air. J'étais morte de fatigue, je vous assure. Je n'avais qu'une envie, c'était de lui taper dessus." Elle sourit, attendrie. "J'ai fini par dégotter ce maudit appareil. Il me l'a arraché des mains, a appuyé sur le bouton et a commencé à enregistrer. Il a fait exactement comme vous : il s'est adossé au mur et s'est mis à chantonner."

Catherine quitta le plafond des yeux et planta son regard dans celui de Stockman. Il sentit qu'elle commençait enfin à le comprendre.

“C’était la même mélodie ?
— Ça fait une éternité, c’est difficile à dire.
— Et où est-il passé ce dictaphone ?”
Catherine fronça les sourcils.
“Il l’a emporté ce soir-là, mais il me l’a rendu par la suite. Il doit être par là, dans un coin. Je ne m’en suis jamais servi depuis.” Elle marqua une pause. “Pourquoi ?
— Peut-être que la bande est toujours dedans.”
Il resta dans l’atelier pendant que Catherine se mit, pour la seconde fois, à chercher le dictaphone au milieu du fatras d’objets que d’ordinaire on accumule chez soi. Il se rassit sur la chaise déglinguée et observa la contrebasse sans cordes qui reposait sur le chevalet. L’aspect féminin de l’instrument sautait vraiment aux yeux, avec ce long cou et cette chevelure nouée, pareille à celle d’une nymphe. Mais ce n’étaient pas ces détails qui retenaient son attention ; ce qui l’attirait surtout, c’était la couleur, un marron très curieux, comme du chocolat noir recouvert d’une couche de sucre. Il se demanda à quoi pouvait ressembler la contrebasse de Hugo, son alter ego, et se sentit gagné par une étrange tendresse.
Au bout d’un moment, Catherine finit par revenir. Elle avait retiré son tablier et Stockman remarqua ses petits seins. Elle avait le dictaphone à la main. Elle le lui tendit. Stockman inspira profondément et appuya sur le bouton. Pendant qu’il tenait le dictaphone, ils restèrent tous deux silencieux, comme s’ils attendaient un appel en provenance d’une planète éloignée. Peu après, ils entendirent un bruit, comme un tiroir refermé ou une porte claquée. Puis la voix de Catherine, à distance, marmonnant quelque chose d’incompréhensible. Nouveau silence.

Enfin une voix résonna, une voix d'homme. Stockman sentit ses poils se hérisser sur ses bras. Pendant quelques instants, ce fut comme s'il se retrouvait privé de tous les autres sens ; le monde tenait tout entier dans ce son lointain, archaïque, qui sortait de cet appareil oublié par le temps.

L'homme chantonnait la même mélodie que celle qu'il venait de fredonner à Catherine. Cependant, ce n'est pas cela qui le fit frissonner des pieds à la tête, mais plutôt le fait que la voix qui surgissait du dictaphone fût identique à la sienne ; c'était comme s'il s'entendait lui-même, dans un autre temps, parallèle à celui-ci, mais nécessairement réel ; ou du moins, aussi réel que celui-ci, qui dans le fond n'en avait peut-être aucune, de réalité. L'enregistrement durait moins d'une minute. La voix disparut et céda la place au silence. Loin d'être une composition complète, ce qui se trouvait enregistré là n'était guère plus qu'une idée, un ensemble de notes sur un possible accord de *do* dièse. Mais c'était l'idée de quelqu'un : aussi inimitable ou impossible à reproduire que l'âme ou le timbre d'une voix ; le petit appareil s'était contenté d'enregistrer, avec l'indifférence des choses sans âme ni timbre, ce qu'on lui avait dicté.

Stockman se leva, les jambes flageolantes. Il posa le dictaphone sur la chaise. Puis, pas à pas, s'approcha de Catherine. Adossée au mur, la main devant la bouche, elle pleurait. De son autre bras autour de la taille, elle essayait de contenir ses spasmes. Peut-être, songea Stockman, que la vérité avait fini par trouver le chemin de son cœur et qu'elle pleurait à cause de la mort et de l'émerveillement de la résurrection. Il s'approcha, la serra dans ses bras et ils restèrent ainsi un long moment, au bord du néant, constatant ensemble l'absence de sens de ce monde.

La lettre ne se terminait pas là-dessus. Stockman poursuivait encore sur plusieurs paragraphes, cherchant à expliquer par des mots ce qui ne pouvait l'être. Par exemple, que toute sa vie avait été comme la préfiguration de ce moment ; en entendant la voix de son alter ego, une voix qui lui arrivait d'un endroit inhospitalier, d'outre-tombe, il avait enfin compris qu'il souffrait depuis toujours d'un sentiment d'incomplétude, en même temps qu'il découvrait l'origine de ce manque tragique qui n'avait jamais cessé de le miner.

Peu lui importait la façon dont les choses étaient arrivées. Comme chacun de nous, il ignorait tout de son enfance la plus éloignée ; il était incapable de revenir au stade zéro, de savoir où, comment et de qui il était né. Pour chacun de nous, le ventre de notre mère tient de la mythologie. On présume que nous y sommes passés, que notre gestation pour ce qu'elle a de fondamental a eu lieu dans un utérus, que nous avons été alimentés par un autre organisme, que nous avons baigné dans le liquide amniotique, seuls ou accompagnés. C'est du moins ce qu'on nous raconte. Mais tout ça ne rime à rien. On a beau assister à autant d'accouchements qu'on veut, on reste incapable de comprendre ce que cela signifie de naître, de même qu'on sera incapable de savoir ce que cela signifie de mourir. Vue de cette manière, la vie n'est rien d'autre qu'une parenthèse ; les événements fondamentaux qui la constituent ne peuvent être vécus ni remémorés. *Naître et mourir, ce ne sont là que des mots*, écrivait Stockman. *Ils ne se rattachent à aucune réalité ; il est donc impossible de dire si nous sommes vivants, puisque notre conscience de cet événement que constitue notre naissance est nulle. C'est comme de dire que nous avons fait l'amour avec une femme que nous n'avons jamais rencontrée. C'est une belle idée, mais c'est l'idée d'un fou.*

La dernière partie de la lettre avait cette dimension réflexive. Et l'ultime paragraphe était inquiétant. Ayant rencontré son alter ego, son jumeau – même si c'était seulement le temps d'un bref enregistrement –, Stockman se rendit compte qu'il était vain de continuer à vivre comme il l'avait fait jusqu'alors. *À quoi bon faire ce que je fais ?* se demandait-il. *Je jouais et composais pour combler un manque. Il y avait une béance en moi. Un espace vide. Je sais désormais que jamais ce manque ne sera comblé. Celui qui pouvait le faire a disparu, laissant derrière lui comme un profond silence. C'est important, le silence. Ça m'aide à oublier. Ce qui est insoluble est résolu. Ton ami, Luís.*

Tout ça ne rime à rien.

Pendant une longue période, je n'entendis plus parler de Stockman. Plus de courriels, plus de coups de fil. À la fin de l'été et au début de l'automne, je lui envoyai je ne sais combien de messages, qui restèrent sans réponse. Arriva un moment où sa boîte aux lettres rejeta mes e-mails, les limites de stockage avaient été atteintes ; quant à son téléphone, il était toujours en dérangement. Je dois avouer que je fus alors profondément inquiet, et en même temps attristé. Je ne savais pas où il vivait. Je ne savais pas à quoi pouvait ressembler sa vie à Montréal. Je ne savais rien du tout. D'un autre côté, j'avais encore le vif souvenir de sa dernière lettre et le sentiment, réconfortant même s'il y entrait une part de peine, qu'il s'était à sa manière approché du bonheur. Il avait mené à son terme la quête de son "moi", de lui-même – dont on entend si nettement les échos dans le délicat déséquilibre de ses compositions. Il était possible, dès lors, qu'il parvienne à s'adapter au monde ou, du moins, à l'accepter. Pourquoi de la peine ? Parce que, si tel était le cas, ce monde avait perdu un musicien hors pair, et moi mon meilleur ami.

Dans le fond, j'étais fâché contre lui. Il avait eu besoin de moi les semaines après son départ. Il avait eu besoin d'une ancre, de quelqu'un, de ce côté-ci, pour lui garantir la solidité du réel. Entendre ma voix ou m'écrire signifiait que, même s'il était à la dérive, sa vie n'était pas encore une mer trop démontée. Il lui restait au moins un port de salut. Parfois, il m'appelait juste pour me souhaiter une bonne soirée, alors qu'à Lisbonne on était au milieu de la nuit. Je me levais, je déposais un baiser sur le visage endormi de ma femme, je gagnais le salon et répondais toujours au téléphone. Ces moments-là me manquent.

C'est alors que l'agent de Stockman me téléphona. C'était une période compliquée pour moi : mes filles étaient désormais scolarisées dans le privé, il y avait moins d'argent à la maison, le roman sur lequel je travaillais depuis des mois était resté encalminé à plusieurs reprises et je commençais à douter de pouvoir le terminer un jour. L'homme à la voix rauque me demanda de parler au pianiste, de le convaincre de rentrer. Je lui répondis que j'allais faire mon possible, sans lui révéler que je n'étais pas plus avancé que lui pour le contacter. Il alla jusqu'à me suggérer de me rendre à Montréal, en se proposant de me payer le billet. Je refusai. Premièrement, ce serait inutile, lui dis-je : mon ami était inflexible une fois ses décisions prises ; par conséquent, tout ce qu'on pouvait faire, c'était attendre. Deuxièmement, je me sentais infichu de m'immiscer dans sa vie privée ou de me mêler d'une histoire que je ne comprenais pas encore et que je ne comprendrai peut-être jamais. Je finis par garder pour moi cette seconde réflexion. Elle aurait suscité de nouvelles questions pour lesquelles je n'avais pas de réponses.

Teresa m'appela en octobre. Nous eûmes une brève discussion. Elle avait décidé de quitter la maison où ils vivaient. Cette maison était à lui, m'expliqua-t-elle, elle avait besoin de partir de là et d'arracher Luís de son cœur. Elle ne me demanda même pas si j'avais eu de ses nouvelles. Tous les mois, elle recevait un chèque par la poste, signé de la main de Stockman, pour payer les mensualités et les factures ; à part ça, plus le moindre signe de vie. Elle semblait résignée : Stockman, c'était du passé ; c'était comme s'il était mort, et elle refusait de vivre dans un mausolée. Elle me demanda si j'étais d'accord pour m'occuper de la maison, dans la mesure où, de son côté à lui, il ne restait plus que son père adoptif, qui était très malade. Je lui répondis que oui, que je voulais bien m'en occuper.

Deux jours plus tard, je trouvai les clés de la maison dans ma boîte aux lettres et, depuis, j'y passe au début de chaque mois, toujours en coup de vent, pour relever le courrier, payer les factures, arroser une plante que Teresa a laissée dans le vestibule et je décampe aussi vite que possible. Je le sens se faufiler dans chaque courant d'air, chaque recoin, sous chaque porte. L'endroit est devenu franchement sinistre.

À l'approche de l'hiver, sans nouvelles de lui depuis près de trois mois, je finis par céder à la tentation et cherchai à me consoler d'une manière ou d'une autre. Je ne sais pas pourquoi. Peut-être pour les raisons suivantes : un matin, je me réveillai seul dans mon lit. Il était tard, ma femme était déjà partie au travail et avait emmené les filles à l'école. La veille au soir, j'étais resté rivé à mon ordinateur à fumer des cigarettes sans arriver à travailler (je fumais de nouveau un paquet par jour). Je me sentais dans un état d'instabilité émotionnelle. Malgré la patience de ma femme, mon mariage ne tenait plus qu'à un fil, mon travail s'en ressentait chaque jour un peu plus ; à la fac, les étudiants m'insupportaient et j'avais envie de les étrangler chaque fois qu'ils me mettaient sous le nez leur prose prétentieuse, pleine de clichés, de mauvais dialogues et d'une envie bien plus forte que la mienne de mordre la vie à pleines dents. Parfois, je peux être un critique féroce, cynique et fielleux. Et je n'avais personne à qui parler. Elle a du vrai, cette fameuse théorie qu'on nous rabâche tant quand on est jeune, qui dit que, plus on vieillit, moins on a de temps pour les autres. Presque jamais disponible depuis que je m'étais marié, je trouvais toujours le temps de parler de mes problèmes avec Stockman. Sans lui, je n'avais plus comme conseiller que moi-même. Autrement dit, le pire qu'on puisse imaginer.

Je me mis donc en quête de quelque chose qui pût me rapprocher de lui. N'importe quoi. J'y pensai longuement. Hors de question d'aller à Montréal. Il me manquait pour cela l'argent, le temps et l'espoir que je pourrais l'y retrouver. Pour couronner le tout, un tel voyage me coûterait mon mariage. Il était impossible de prévoir combien de temps il me faudrait partir. Laisser ainsi ma femme et mes filles sans pouvoir leur expliquer exactement ce que je comptais faire, ce serait à peu près impardonnable. Je compris, après mûre réflexion, que le seul moyen était de faire le chemin à rebours. Ou, si l'on préfère, de passer de l'autre côté du miroir. Il ne restait presque plus personne me liant à Stockman – nous n'avions jamais appartenu à aucun groupe d'amis intimes ni à aucun club. Tout au plus avions-nous quelques connaissances communes, qui n'étaient pas du tout au courant de la situation. Teresa avait disparu, N. n'était plus qu'un lointain souvenir et Luís Stockman père avait perdu et la mémoire et la parole. Il ne restait plus que moi, en vins-je à conclure, et comme n'importe qui d'autre, je pouvais à mon tour devenir pure absence, je pouvais à mon tour disparaître du jour au lendemain. Il est curieux, me disais-je, de constater à quel point sont fragiles les liens qui nous rattachent à ce monde. Un jour, on croit en faire partie intégrante, on est convaincu d'avoir une identité, une singularité, une marque personnelle. Le lendemain, il suffit que certains de ces liens se défassent – quelques-uns seulement – et nous voilà effacés de l'Histoire.

Après une rapide recherche, je trouvai, presque trop facilement, les coordonnées de la sœur de Hugo. Stockman m'avait parlé quelques fois de la famille du suicidé ; la mère de ce dernier avait également fait allusion à une jumelle. Peut-être parce que, dans le fond, je croyais à l'impossible, je décidai qu'il me fallait la rencontrer – peut-être qu'en regardant au plus profond des yeux de cette femme j'arriverais à retrouver l'étincelle qui illuminait ceux de mon ami. À partir de son nom de famille, je parvins rapidement à mes fins. Elle avait un patronyme peu courant et, au bout d'une demi-heure sur Internet, je trouvai son adresse électronique. Je lui envoyai un bref message, expliquant que l'homme à qui son frère avait écrit une lettre avant de mourir était mon meilleur ami et que, pour des motifs que je préférais ne pas dévoiler pour l'instant, je serais heureux de la rencontrer.

Elle mit deux jours à me répondre. Julia m'indiqua en deux lignes que, si rencontre il devait y avoir, il faudrait qu'elle ait lieu chez elle car elle avait deux enfants en bas âge et il lui était difficile de se rendre à un rendez-vous à l'extérieur. J'acceptai immédiatement.

C'est un enfant qui vint m'ouvrir. Un petit garçon charmant, aux cheveux bouclés, avec des dents de devant légèrement espacées, ce qui lui donnait un air malicieux. Il avait un Spider-Man sous le bras. Il me regarda d'un air méfiant.

"T'es qui ? voulut-il savoir.

— Est-ce que ta maman est là ? demandai-je.

— T'es qui ? insista-t-il.

— Un ami.

— On n'a pas d'amis", rétorqua-t-il, péremptoire.

Une femme, tout aussi belle, cheveux soyeux et lèvres fines, vint jusqu'à la porte. Elle sourit timidement et, d'un geste affectueux, éloigna l'enfant.

"C'est Mateus, dit-elle.

— Enchanté de vous rencontrer", répondis-je.

J'entrai. Elle me demanda de bien vouloir lui accorder un instant ; c'était la fin de l'après-midi, l'heure à laquelle le bébé avait l'habitude de faire la sieste. J'entendis la petite fille pleurer au fond de l'appartement.

"Ma sœur s'appelle Bouillabaisse, lança Mateus tandis que je m'asseyais sur le canapé du salon.

— Bouillabaisse, tu es sûr ?

— Oui, Bouillabaisse", répéta-t-il.

Le gamin fila dans le couloir. Au bout de quelques minutes, Julia revint. Elle me proposa un thé et nous prîmes place autour de la table du salon.

"Si j'en crois votre fils, sa sœur s'appelle Bouillabaisse."

Julia sourit.

"Ne faites pas attention. Il ne dit que des bêtises." Elle avait l'air fatiguée. Sous une apparente douceur, je devinai un tempérament obstiné. "Mon mari ne va pas tarder à arriver, indiqua-t-elle.

— Très bien", dis-je, en buvant une gorgée de thé. Il était tiède et il aurait été meilleur avec du sucre, mais je gardai cela pour moi.

"Vous souhaitez qu'on commence ?

— C'est ce que j'étais précisément en train de me demander, répondis-je. J'ai vraiment hésité à vous envoyer ce message, vous savez ? J'avais peur de vous blesser, ou de vous paraître insensible."

Elle secoua la tête et écarta les cheveux de son visage du bout des doigts.

"Rien de ce que vous direz au sujet de mon frère ne pourra me blesser.

— Pourquoi dites-vous cela ?

— Il m'a déjà suffisamment fait souffrir. Au bout d'un moment, on se fait une carapace.

— Avez-vous lu la lettre qu'il a laissée ?

— À votre ami ?

— Oui.

— Non, cette lettre ne m'était pas destinée. Mais je sais ce qu'elle contient. Un enquêteur de la police m'a mise au courant. Ça n'a pas du tout été une surprise." J'attendis la suite. Mateus entra dans le salon en courant, nous regarda quelques secondes, l'air féroce, puis repartit en trombe dans le couloir. "Mon frère avait des problèmes psychiques. Malheureusement, je m'en suis aperçue trop tard. La dernière fois que je l'ai vu, c'était ici, il était complètement paumé. Il avait bu, peut-être. Je me rappelle, je suis arrivée et il était assis là, à votre place, avec un coquard et une lèvre qui saignait. Il s'était battu avec mon mari. Franco l'avait trouvé dans son studio, en train de farfouiller parmi les photos. Il avait mis une pagaille monstrueuse. Ils ont commencé à se disputer évidemment et il a vraiment dû pousser le bouchon trop loin, parce que mon mari déteste la violence. Je ne l'ai jamais vu lever la main sur quiconque. Même pas sur Mateus. Alors que, moi, ça m'arrive avec Mateus."

Le garçon rappliqua dans le salon dès qu'il entendit son prénom. Il prit un air mauvais, bagarreur. Il me regarda comme si j'étais un ennemi qu'il s'apprêtait à abattre. Il avait remplacé son Spider-Man par une guitare jouet toute défoncée, les cordes cassées pendouillant du manche.

"Qu'est-ce qu'il y a ? demanda Mateus.

— Rien", répondit Julia, qui lui jeta un regard à la fois attendri et las. Leur second enfant, la petite fille qui dormait quelque part au fond de l'appartement, devait occuper une grande partie de son temps en ce moment. Dans ces conditions, Mateus était sûrement plus une gêne qu'autre chose, et il était probable qu'il le ressente.

"Va jouer un peu plus loin.

— Je veux jouer ici."

Il s'assit par terre et se mit à agiter sa guitare.

"Je suis désolée, s'excusa Julia.

— J'ai des enfants, moi aussi. Deux filles. Elles sont plus grandes, mais je connais ce genre de numéros.

— Il nous a obligés à acheter une guitare à cause de son oncle. Dès qu'il a vu la contrebasse, ça l'a fasciné.

— Ils s'entendaient bien ?

— Oui. Ils s'aimaient beaucoup.

— Où il est tonton ?" demanda Mateus.

Julia hésita un instant. Une sorte de nostalgie sembla passer dans son regard, avant de rapidement se dissiper.

"Il est parti en voyage. Laisse-nous tranquilles." Elle avait parlé avec rudesse. Mateus se leva, fâché, et disparut dans le couloir. "Il ne sait pas ce qui s'est passé, naturellement. Il est encore petit, dit-elle.

— Bien sûr." Il y eut un moment de silence. "Vous me disiez que la lettre ne vous avait pas du tout surprise. Votre frère vous avait déjà parlé de Stockman ?

— Il est allé le voir en concert avec une connaissance peu après son retour. J'essayais de lui trouver une amoureuse, imaginez un peu. Finalement, j'ai fait la pire des choses : je l'ai mis sur la voie qui l'a mené jusqu'à votre ami. À compter de ce jour-là, les choses sont allées de mal en pis. Ce dernier après-midi, il a débité tout un tas d'âneries. Soi-disant, Stockman lui avait volé un thème, une mélodie quelconque sur laquelle il travaillait depuis longtemps. Il n'était pas facile à suivre, c'est pour ça que je ne me souviens pas parfaitement de ce qu'il a raconté. Je me rappelle qu'il parlait de votre ami comme s'il le connaissait intimement, avec un mélange de haine et d'amour." Elle réfléchit un instant. "Amour. Est-ce que c'est le bon mot ?"

Julia hésita et son visage se crispa, comme si elle était prise d'un haut-le-cœur.

"Continuez, je vous en prie.

— C'est tout de même étrange. Normalement, dans un cas pareil, la personne porte plainte pour plagiat, ou quelque chose de ce genre. Mon frère, lui, a perdu la raison. Il semblait vouloir poursuivre Stockman, comme s'il était devenu fou. D'ailleurs, c'est ce qu'il répétait sans cesse. Qu'il se sentait fou de solitude.

— De solitude ?

— Oui.

— Et après ?

— Bien, s'il a mis le studio de mon mari sens dessus dessous, c'est à cause de quelques photos que Franco avait prises durant un dîner. Il disait que, sur ces photos, ce n'était pas lui qui apparaissait, mais Stockman.

— Pensez-vous que je puisse les voir, ces photos ?" demandai-je délicatement.

La porte s'ouvrit et un homme entra, de stature moyenne, cheveux ras et sac sur le dos. Mateus déboula du couloir en courant, traînant derrière lui sa guitare déglinguée. Il se jeta dans les bras de l'homme qui s'agenouilla pour le serrer contre lui avec tendresse.

"Ça va mon grand ?

— On a de la visite", annonça Julia.

Elle nous présenta. Franco avait un sourire généreux et de grandes dents. Il avait l'air affable, mais discret, un peu sur la réserve. Mateus l'adorait. Il regarda attentivement son père sortir de son sac un appareil photo et plusieurs objectifs, tout un matériel qu'il posa sur la table autour de laquelle nous étions installés.

"Elle dort ?" s'enquit Franco auprès de Julia. Elle acquiesça d'un signe de la tête. "Je vais la voir et je vous rejoins tout de suite".

Julia lui demanda s'il pouvait rapporter les photos que je souhaitais voir. Franco hésita une seconde, regarda par la fenêtre – comme si la réponse pouvait se trouver dehors quelque part, dans la nuit qui commençait à tomber –, puis il finit par répondre : "Je vais voir si je les retrouve."

Il sortit du salon, et Mateus lui emboîta le pas en sautillant.

"Pourquoi vous intéressez-vous à tout ça ? voulut savoir Julia.

— Luís Stockman est mon meilleur ami. Mais il a disparu à Montréal. Je suis sans nouvelles depuis plusieurs mois.

— À Montréal ?

— Où a vécu votre frère.

— Pour quelle raison est-il parti là-bas ?

— Pour chercher quelque chose qu'il a peut-être trouvé", suggérai-je, sans avoir les moyens de savoir si j'étais dans le vrai. Je finis mon thé, qui était froid. "J'aurais une autre question, si vous le permettez. Est-il vrai qu'à la naissance vous étiez trois bébés ?"

Julia respira profondément.

“Oui. Nous étions trois. Le troisième, arrivé par surprise, était le vrai jumeau de mon frère Hugo.

— Par surprise ?

— Les échographies, à l’époque, n’étaient pas ce qu’elles sont maintenant. On parle de la fin des années 1960, il ne faut pas l’oublier. Les médecins pensaient que ma mère allait avoir des jumeaux, mais personne ne s’était préparé à la possibilité qu’il y ait un troisième bébé, caché.

— Né du même ovule que votre frère Hugo ?

— Exactement, eux étaient de vrais jumeaux. Sans qu’on sache pourquoi, l’un a survécu, l’autre non. Je crois qu’ils l’ont placé dans une couveuse, mais il est mort au bout de quelques heures seulement. Ça me fait toujours bizarre de penser à ça. Que fait-on d’un bébé qui vient de naître et qui est déjà mort ? On le jette à la poubelle ? On lui fait un petit enterrement en l’honneur de la poignée de minutes qu’il a passées en ce bas monde ?

— Je vous prie de m’excuser si ma question vous a mise mal à l’aise.

— C’est depuis toujours que cette question me met mal à l’aise, répondit-elle. Quoi qu’il en soit, je n’ai aucun souvenir de tout ça. L’histoire nous a été racontée au fil des années, et quelque chose a dû se perdre en chemin. C’est inévitable, n’est-ce pas ?

— Quels étaient les sentiments de votre frère par rapport à ça ?

— Par rapport à celui qui n’a pas eu le temps d’être son jumeau ?

— Oui.

— Nous n’avons jamais beaucoup évoqué le sujet. Ma mère avait l’habitude de dire que, s’il était comme il était, éternellement insatisfait, anxieux, c'est parce qu'il lui manquait une moitié de lui-même. Elle le disait sur le ton de la plaisanterie, quand on était enfants. Mais, après, je passais devant la porte de sa chambre et j'entendais mon frère pleurer dans son lit. Parfois, il pleurait toute la nuit. À l'époque, je ne comprenais pas pourquoi. Maintenant, je pense que c'était précisément à cause de ça. Son alter ego lui manquait. Ou du moins pensait-il qu'il lui manquait. Je ne sais pas. Tout ça n'a pas grand sens et c'est très embrouillé.

— Vous pensez que quelqu'un qu'on n'a jamais connu peut nous manquer ?"

Julia se leva et ouvrit la fenêtre. Elle me demanda si j'avais une cigarette. Elle avait arrêté de fumer avec l'aide d'une hypnotiseuse mais, dernièrement, elle ne pouvait s'empêcher de prendre une cigarette chaque fois que quelque chose la rendait nerveuse. Je lui en offris une, qu'elle alluma.

"Je pense, oui. Il faut se rappeler qu'ils ont passé un long moment ensemble dans l'utérus. Est-ce que ça compte ? Dans quelle mesure les fœtus sont-ils conscients ? Je suis incapable de vous donner une réponse. En revanche, il y a une chose que je peux vous dire : dans la relation entre une mère et son enfant, tout ou presque se joue au cours des neuf premiers mois. À cause de cette période de gestation, on les aime tellement. Ils font partie de nous. Il est possible que la même chose se produise avec des vrais jumeaux. Ils sont plongés dans un même endroit pendant une éternité. Imaginez un peu. Deux personnes identiques, exactement. Puis l'une des deux meurt. Dans le fond, la question que vous me posiez pourrait aussi se formuler comme ça : est-ce que l'enfant qu'elle n'a jamais connu peut manquer à une mère? Bien sûr que oui. Bien sûr qu'il lui manque. D'ailleurs, peut-être qu'il lui manque plus que l'autre, celui qui a survécu." Elle marqua une pause. "Ou peut-être que je suis en train de raconter n'importe quoi."

Julia tira trois bouffées de sa cigarette successivement, l'écrasa sur le bord de la fenêtre et jeta le mégot. Il commençait à faire froid à Lisbonne ; au loin, au-dessus du pont, la lune avait fait son apparition, assombrie par un nuage blafard. Elle se frotta vivement le bras gauche. Elle sembla hésiter un moment, comme si elle faisait une opération de calcul mental, puis elle me proposa :

"Voulez-vous rester dîner avec nous?"

C'est alors que Franco revint dans le salon, deux photos à la main.

"Tu as fumé?" demanda-t-il à Julia. Sans lui répondre, elle annonça qu'elle allait préparer le dîner. "Je croyais que tu avais définitivement arrêté." Franco sembla oublier le sujet et lui tendit les photos. "Tiens, c'est ça que tu cherchais?"

Julia regarda les photos.

"Oui."

Elle posa les clichés sur la table, prit le bras de Franco et lui demanda de venir l'aider. Je leur souris tandis qu'ils partaient vers le couloir. Je me retrouvai seul avec les photos dans la pénombre pendant un instant ; puis les lumières s'allumèrent au-dessus de la table, comme par miracle.

Je regardai les deux images. Sur l'une, on voyait un homme à côté de Julia et de Mateus, à table, celle-là même devant laquelle je me trouvais. Sur l'autre, l'homme était seul, une fourchette à la main, devant une assiette de salade de poulet et une bouteille d'eau minérale. Je n'avais jamais vu Hugo. Je ne savais pas à quoi il ressemblait ; j'ignorais tout de sa physionomie, de son expression. Je m'étais imaginé un type à la mine tourmentée, avec de grands cernes et des cheveux ébouriffés comme un fou. L'homme que je voyais sur les photos était complètement différent. Du reste, ce n'était pas Hugo que l'on voyait sur ces images, mais Stockman : son semblable, son vrai jumeau. Il avait de longues mains osseuses, un corps fragile et maigre, une barbe de trois jours, et des cheveux grisonnants reflétant la lumière.

Et il souriait.

Sur les deux photos, mon ami souriait. Curieusement, il avait l'air content ; et, bien qu'il ne fût pas mon ami, bien qu'il ne fût pas Stockman, il lui ressemblait tellement que je ne pus m'empêcher d'imaginer que c'était vraiment lui, et que cette image serait la dernière que je garderais de lui – son dernier repas –, ce qui me plongea tout à la fois dans une infinie tristesse et une infinie sérénité. Car Stockman continuerait d'exister tant que je pourrais continuer à le regarder, attablé avec la sœur et le neveu qu'il n'aura jamais eus. Tant que j'existerais, lui aussi existerait, dès lors que je ne l'oubliais pas ; il fallait que jamais je ne l'oublie.

“Pourquoi tu fais cette tête-là ?”

Je tournai la tête. Mateus m'observait. Je devais avoir l'air sacrément troublé, même si je souriais et même si, dans le fond, je me sentais presque heureux. J'enlevai mes lunettes et les posai sur la table. Je caressai les cheveux du petit, qui me fixa avec une extrême méfiance.

“Tonton ! dit-il en le voyant sur une des photos. Mon tonton, il a une barque basse.

— Une quoi ?" demandai-je en souriant.
Mais je n'obtins pas de réponse.

Que dire de plus ? Nous avons dîné sans reparler de tout cela. Ce fut un repas simple, fait maison, et je me rappelle précisément ce que j'ai mangé : des lasagnes aux légumes avec une salade composée (roquette, pousses de navet, amandes), le tout accompagné d'un verre de vin français que Franco ouvrit sans faire de manières. Le bruit amusant que fit le bouchon enchanta Mateus. Quelle importance a tout cela ? Aucune. Il est possible que Julia pense à moi de temps en temps. Franco et Mateus m'ont certainement déjà oublié, je n'aurai été que le protagoniste d'un épisode dérisoire de leur vie. Le petit nous fit bien rire avec ses pitreries. Vers vingt-deux heures, j'entendis les pleurs du bébé. Franco me demanda si je voulais faire la connaissance de leur petite fille. Nous allâmes tous les quatre jusqu'à la chambre. Le bébé était couché dans les draps blancs d'un berceau, vêtu d'un pyjama rose. Pareil à tant d'autres bébés. Je le pris dans mes bras et j'eus l'impression de redevenir père et de porter une de mes filles, à la fois toute légère et d'un poids insoutenable. Après le dîner, nous bûmes le café en échangeant des banalités, puis je pris congé. Julia me raccompagna jusqu'à la porte, suivie de Mateus. Je l'embrassai, la remerciai et lui demandai si elle voulait bien m'envoyer une copie des photos. Je ne savais pas trop pourquoi ; mais je n'eus pas besoin de lui fournir d'explication : elle alla dans le studio de son mari et en revint avec les deux photos qu'elle me donna. Elles ne lui rappelaient que des mauvais souvenirs, me dit-elle. Elles sont désormais dans un tiroir de mon bureau. Deux photos d'un inconnu exactement semblable à mon ami, que je n'ai jamais revu.

De temps en temps, j'ouvre mon tiroir et je les regarde, juste pour me souvenir à quel point, dans cette vie, l'absurde règne en maître.

Que dire de plus ?

Bien des années passèrent. Une nuit, Luís Stockman se réveilla, angoissé, après un bref sommeil plein de cauchemars. Son corps était perclus de douleurs. Il posa un pied par terre, puis l'autre, et, en prenant appui sur le bord du lit, se leva lentement, sentant ses os craquer et les muscles flaccides de ses jambes pester contre un sommeil guère réparateur. À côté de lui, Catherine dormait. Ses cheveux, blanchis à présent, illuminés par la lune, reposaient langoureusement sur l'oreiller. Comme toujours, elle dormait en silence, sans émettre le moindre bruit.

Il alla dans la salle de bains, alluma la lumière, se regarda dans la glace. Il vit qu'il était vieux, ou presque vieux. Ses cheveux étaient tout grisonnants ; sa bedaine pendouillait, découragée ; sur son torse étroit, ses poils avaient blanchi, eux aussi. Des rides s'étaient creusées sur son visage, il avait un regard vague. Il prit une douche et s'habilla. Les douleurs qui s'étaient déclarées dans les jambes se diffusaient dans le dos ; légèrement voûté, il boutonna sa chemise par-dessus un maillot de corps ; il mit un épais gilet en laine et, pour finir, un gros manteau sombre. Il enfila ses bottes fourrées. Il faisait chaud dans la maison, le chauffage était resté allumé toute la nuit.

Dehors, la neige tombait en abondance, recouvrant les rues et les parcs, les fossés et le sommet des montagnes, le fleuve et la coupole des églises. La température était largement en dessous de zéro, il ignorait de combien de degrés. Une tempête s'annonçait. Il sentait, malgré tout, qu'il devait sortir. Il n'avait pas quitté l'atelier depuis de longues journées quand une violente crise de claustrophobie s'était soudainement déclarée, l'empêchant de fermer l'œil. Il n'arrivait plus qu'à s'endormir brièvement, pour émerger aussitôt de rêves étranges, avec des douleurs dans tout le corps.

En descendant les escaliers, il remarqua l'absence de la voisine. Au fil du temps, il s'était demandé bien des fois ce qui avait pu l'attirer dans ce quartier. Il avait d'abord pensé que c'était la proximité de la mer, ou de la glace, les jours d'hiver comme celui-là. Mais c'étaient peut-être les chansons que leur voisine entonnait tous les jours, du matin au soir, voisine qui avait été jeune il y a bien longtemps mais dont l'âme avait toujours été hors d'âge. À cette heure, elle avait pour habitude de chanter *La Mer* ou *Clair de Lune* ; maintenant, cependant, le silence régnait.

Il se retrouva dans la rue. Le Vieux-Port était désert, et les trottoirs recouverts d'une neige boueuse. Ce sera une lente promenade, songea-t-il. Il fit quelques pas dans la rue Saint-Sulpice, prit à droite dans la rue Saint-Paul. Il marchait tête baissée, le chapeau enfoncé jusqu'aux oreilles pour se protéger du vent glacé qui fusait sur les eaux, deux rues plus bas.

Il avait cessé de jouer depuis longtemps. Il y avait peut-être plus de quinze ans qu'il s'était assis devant un piano pour la dernière fois. Parfois, ses doigts échappaient à son contrôle et jouaient tout seuls. Il était en train de regarder la télé ou de dîner avec Catherine et, tout à coup, au milieu d'une émission ou d'une phrase, il remarquait que ses mains bougeaient à son insu, ses doigts se mettaient en quête d'accords, de notes dissonantes, d'arpèges. Il avait bien essayé d'oublier l'instrument, mais d'une certaine manière, c'est l'instrument qui ne l'avait pas oublié ; épisodiquement, le piano revenait le hanter. Pour autant, ces années ne s'écoulèrent pas sans musique. Il s'installa chez Catherine peu après son arrivée dans la ville. Ils vécurent dans la même maison pendant un an, puis ils déménagèrent dans le quartier du Vieux-Port. L'atelier était au rez-de-chaussée, le logement à l'étage. Les affaires marchaient bien et, très vite, Stockman se passionna pour le métier de sa femme.

Il eut tôt fait de se caler sur le rythme de vie de Catherine. Un réveil tout en douceur, le petit-déjeuner dans le jardin derrière la maison, aux beaux jours ; la solitude des nuits passées à lire ou à écouter de la musique. Ensuite, il se mit à travailler sur les instruments à son tour. Il décida de l'aider, d'abord pour tuer le temps, apprenant ainsi quelques petites choses. Puis, lentement, il s'intéressa aux différentes parties qui les constituaient. Il découvrit que la contrebasse était fascinante, par exemple. Elle était d'une légèreté insoupçonnée vu sa taille, possédait un chevalet au cœur découpé pour soutenir les cordes. Les ouvertures de la caisse de résonance avaient la forme de lettres oubliées, et à l'intérieur de l'instrument se trouvait une chose appelée *âme*, primordiale pour obtenir un timbre équilibré. Les musiciens arrivaient comme les parents d'un enfant malade et confiaient leur petit aux soins de Catherine. Il fallait s'en occuper avec tendresse, panser leurs blessures et, parfois, les opérer d'urgence. Stockman, jour après jour, année après année, se laissa fasciner ; cela faisait désormais deux décennies que lui aussi, aux côtés de sa femme, se consacrait à son office de luthier.

En traînant des pieds, lentement, il se frayait un chemin sur le sol gelé. Le vent se fit plus violent, la neige tomba plus dru, c'était la tempête annoncée. Au coin de la rue Saint-François-Xavier, il envisagea de faire demi-tour. Depuis un certain temps déjà, il était anxieux, n'arrivait plus à se reposer, en proie à une angoisse qui le rendait insomniaque et lui brisait le corps. Il décida malgré tout de continuer. La nuit se déplaçait lentement au-dessus de lui. Les mains dans les poches, il se demanda s'il était possible, après toutes ces années, que le sujet vienne encore le tracasser. Il croyait avoir tout oublié ; et, pourtant, dans les moments les plus étranges, sa tête lui jouait des tours. Il se surprenait à se demander, par exemple, si, ce soir-là, il y a bien longtemps, dans un pays lointain, dans une salle de concert dont il n'avait qu'un vague souvenir, il avait pu jouer fortuitement une mélodie qui, bien qu'à lui, appartenait à un autre. La question surgissait sans crier gare et la honte l'envahissait. Ou alors, il se retrouvait plongé dans des doutes dévastateurs, à s'interroger sur les raisons de son renoncement, de son abdication, sur ce qui expliquait qu'il se trouvât ici, dans une ville qui n'était pas la sienne, en train de vivre une vie qui ne lui appartenait pas.

Il trébucha à cause d'un dénivelé du trottoir. Dans cette zone du quartier, les lumières étaient plus faiblardes. Le vent rugissait, emplissant tout l'espace de son écho assourdissant. Les flocons s'abattaient sans répit sur les rues du Vieux-Port. Il s'arrêta, leva sa jambe à grand-peine, sentit une douleur dans les articulations, tira sa botte vers le haut. Il arrivait tout juste à voir ; la nuit n'était que ténèbres et neige virevoltant autour de la lumière diaphane des réverbères. Il fit de même avec son autre botte et secoua la neige qui s'était accumulée sur ses bas de pantalon. Quand il releva la tête, il sentit un violent élancement dans le dos.

Il regarda devant lui : il n'arrivait plus à distinguer le carrefour. Il regarda derrière lui : la rue avait disparu dans le chaos de la bourrasque. Stockman se dit qu'il était temps de rentrer à la maison ; le jour n'était pas encore près de se lever et la tempête avançait. Mais, mû par un élan inexplicable, il poursuivit. Il entendait les semelles de ses bottes patauger dans la neige mouillée, elles faisaient un bruit de poisson tout juste tombé à terre. Il zigzagua de rue en rue. Il était le seul être humain. Le dernier. Il finit par s'égarer. Le vent était si violent que chaque pas lui demandait un effort colossal ; il ne sentait plus ses jambes, anesthésiées par le froid et la fatigue. Il affrontait la tempête avec son corps endolori et endormi ; penché en avant, il mobilisait toutes ses forces pour ne pas être balayé par les rafales.

Soudain, il sentit qu'il n'était plus seul pour faire face à la tempête.

Quelqu'un marchait à ses côtés. Il l'imagina comme une ombre, un négatif : avec sa forme, mais sans couleur ni éclat, sans épaisseur, un fantôme noir comme le goudron. Stockman lui dit :

Mais tu es mort.

Toi aussi, lui répondit l'ombre.

Peut-être sommes-nous morts depuis toujours, ajouta-t-il.

L'ombre dit encore une chose, mais il ne réussit pas à entendre ses paroles, englouties par le rugissement de la tempête ; elles s'envolaient, emportées par les éléments déchaînés.

Je ne t'entends pas, cria Stockman.

L'ombre s'approcha. Il sentit son absence de poids, d'épaisseur, tout le contraire de lui.

L'ombre lui chuchota à l'oreille, comme une caresse.

Soudain, elle disparut. Stockman regarda autour de lui mais ne vit rien d'autre qu'un rideau d'obscurité.

Il s'enfonçait dans un maelström, point de fuite vers où convergeaient en tourbillonnant toutes les rues et toutes les choses alentour. Il poursuivit son chemin. Il poursuivrait jusqu'à épuisement de ses forces, jusqu'à ce que la tempête l'engloutisse, jusqu'au bout du monde. Il traverserait des lacs, des routes et des plaines. Il arpenterait des villes, des provinces et des bourgades. Il gravirait des montagnes, s'enfoncerait dans des déserts à la recherche de lui-même et partout, tout le temps, ne trouverait que le néant. Il continuerait, bravant la tempête, et laisserait la vie derrière lui, cette vie dont il n'avait rien compris, absolument rien, à la recherche de son alter ego. Si quelqu'un avait pu le voir à cet instant, de dos, penché en avant, cheminant vers nulle part, il aurait certainement vu un être sans âme et sans destin, un être perdu pour toujours en lui-même, enveloppé du manteau de la mélancolie qui couvre toujours les hommes dans un dernier moment de clémence. Lorsque la neige fut tombée si abondamment qu'on ne voyait plus rien que du blanc, partout du blanc, le monde comme une composition en blanc, Stockman sentit la joie d'une perte irréparable et sut qu'il était trop tard pour faire demi-tour.

REMERCIEMENTS

Je dédie ce livre à ma mère, à Joana et à Luísa.
Ainsi qu'à Maria do Rosário Pedreira, ma chère éditrice.

Je souhaiterais exprimer ma profonde reconnaissance, pour la bourse littéraire qui a permis l'écriture de ce roman, à l'Union des écrivaines et des écrivains québécois et au Conseil des arts et des lettres du Québec ; à Katia Stockman et Francine Royer ; et à Paulo Gouveia, du Clube Português de Artes e Ideias.

Ainsi qu'à Daniel Saldaña Paris, mon ami mexicain du Québec.

OUVRAGE RÉALISÉ
PAR L'ATELIER GRAPHIQUE ACTES SUD
ACHEVÉ D'IMPRIMER
SUR ROTO-PAGE
EN AVRIL 2015
PAR L'IMPRIMERIE FLOCH
À MAYENNE
POUR LE COMPTE DES ÉDITIONS
ACTES SUD
LE MÉJAN
PLACE NINA-BERBEROVA
13200 ARLES

DÉPÔT LÉGAL
1re ÉDITION : MAI 2015
N° impr. : 88314
(Imprimé en France)